たどり着いたレシピは
「作りおき」と「分割仕込み」

忙しい人こそ
うまくいく

本当はラクな
パイ作り

空閑晴美

誠文堂新光社

目次

仕込んだパイ生地で焼く 様々なパイ

仕込んだビスケット生地で焼く 季節のタルト

はじめに

家庭料理としてのパイ作り

　ミートパイやアップルパイ、キッシュの数々やタルト——日本の日々の食卓でも、食事やお茶の時間に様々なパイが親しまれています。買ってくるか、手作りしたとしても市販の生地の利用がほとんどかもしれません。私が料理を学んだイギリスの家庭では、いい意味で大ざっぱに粉とバターを混ぜて、焼きたてを楽しんでいました。帰国してから料理教室でパイやタルトを長年お教えしてきましたが、失敗やめんどうがあると、皆さんパイ作りから遠ざかってしまいます。その声に耳を傾けつつ、さくさくと口当たりよく、バターが香り、飽きのこない味わいはゆずらずに、私自身がプライベートな時間に極力めんどうを排するやり方を実践してきました。失敗しがちなことは一つずつ解決のコツを見つけました。そのすべてをお伝えします。

ごく単純な配合の2種の生地

　層になって焼けるパイ生地と、さっくりくずれるビスケット生地。様々なパイやタルトを焼いてきて、この2種類に絞られました。パイ生地の配合は、バター100g、粉150g、冷水100ml。タルト用のビスケット生地は、バター100g、粉200g、卵黄1個分、牛乳大さじ3。塩も砂糖も入れません。断ち落とした残り生地まで、スイーツやおつまみにいろいろと楽しみたかったからです。またそのほうがべたつきにくく、扱いやすいことに気づきました。

作業を分割して作るという考え方

　パイやタルト用の生地はねかせながら作る必要があります。教室の準備の合間や食事作りのついでに作業してはねかせていましたが、ねかせるというよりも、生地が私の都合に合わせて待ってくれているような気がしてきました。なぜなら、生地作りは10分程度の仕込みに分割できて、仕込みごとに冷蔵か冷凍できる

から。その日のうちに次に進む必要はないし、次の仕込みが数日後になっても大丈夫。各仕込みはキッチンの片隅でできる程度のことなので、食事の後片付けや準備の合間に仕込めば、洗い物を一緒に終えるということもできます。から焼きもめんどうに思われる作業ですが、実はこれをするから作りおきができるのです。一度冷凍して解凍した焼成前の生地も、一度から焼きすれば再び冷凍保存ができて、1ヶ月以上持ちます。フィリングをのせて焼けばいいだけの生地の作りおきは、忙しい日にどれだけ心強いことでしょう。焼き上げたパイやタルトは一部を除いて冷凍保存できるということも、ぜひお伝えしたいことの一つです。

各仕込みは短時間、なるべくさわらない

　パイもビスケットも、バターの粒が残った状態の生地を焼くことで、バターが溶けたところに空洞ができてさくさくに仕上がる、というのがイメージです。バターを溶かさないように、なるべくさわらずに手早く仕込むのがコツになります。だから各仕込みで実際に手を動かす時間は、短いことが理想です。

パイ作りは、私の日常。ラクだから続きます

　生地の各仕込みは、慣れれば作り方を見なくてもできるようになるくらい単純です。そして、紹介する生地は、型で焼くパイも型なしのパイもどちらも作ることができるので、生地を型に敷いて保存したり、餃子の皮のような薄い円形にして保存したりすれば、すぐにいろいろなパイを焼くことができます。各仕込みの作業に慣れる頃には、こうした作りおきの仕分け方も覚えてしまうと思います。おもてなしから普段の食卓まで、様々なシーンに合うパイやタルトが作れるので、生地の仕込みは私の日常になりました。自分のライフスタイルに合わせることができて、おいしいこと、これこそが家庭料理だと思います。

パイ、タルト
仕込み進行表

パイとタルトの生地は、仕込みごとに冷蔵か冷凍するので、
その間「待つ」のではなく「休止（Pause）」できると考えます。
少しずつ、時間も日にちもおいて仕込めばいいわけです。

※ 型に敷き込んだときや、丸く抜いたときに断ち落とした生地

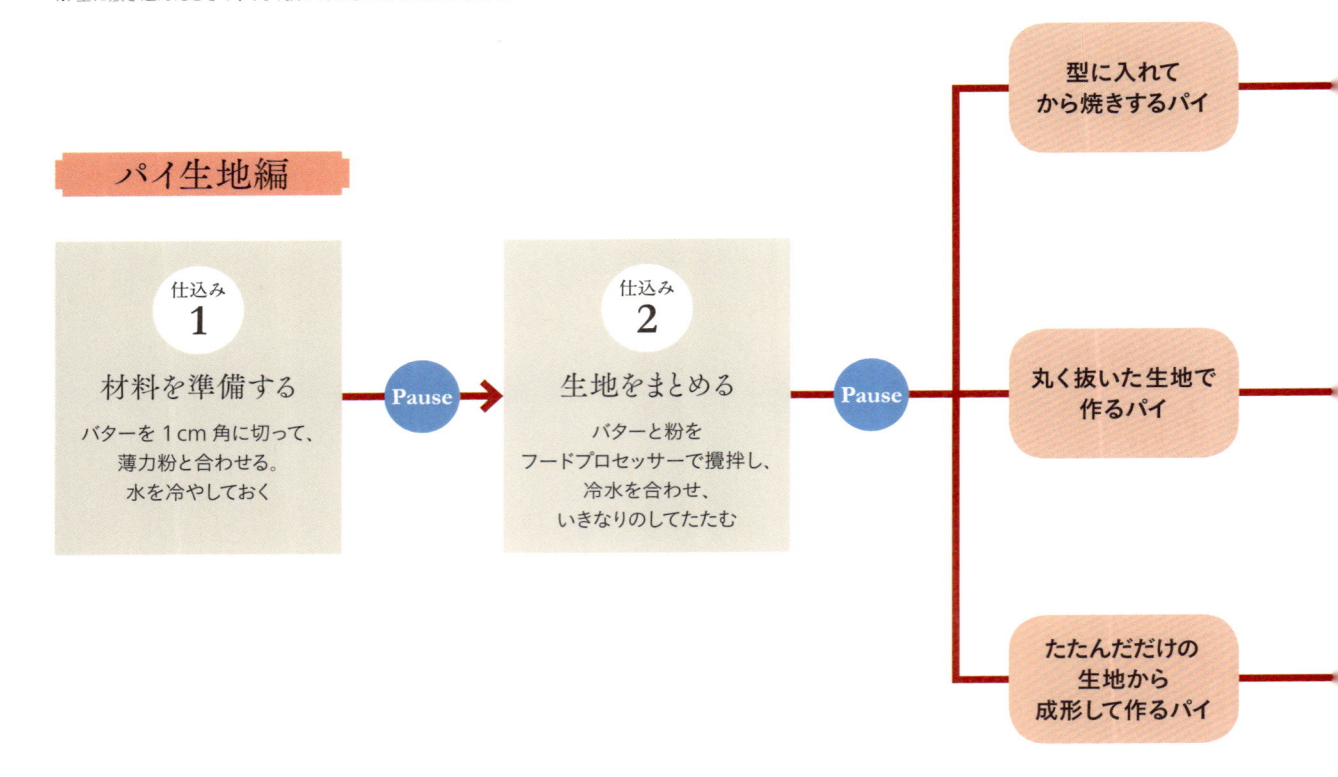

パイ生地編

仕込み 1 材料を準備する
バターを1cm角に切って、薄力粉と合わせる。水を冷やしておく

Pause

仕込み 2 生地をまとめる
バターと粉をフードプロセッサーで攪拌し、冷水を合わせ、いきなりのしてたたむ

Pause

型に入れてから焼きするパイ

丸く抜いた生地で作るパイ

たたんだだけの生地から成形して作るパイ

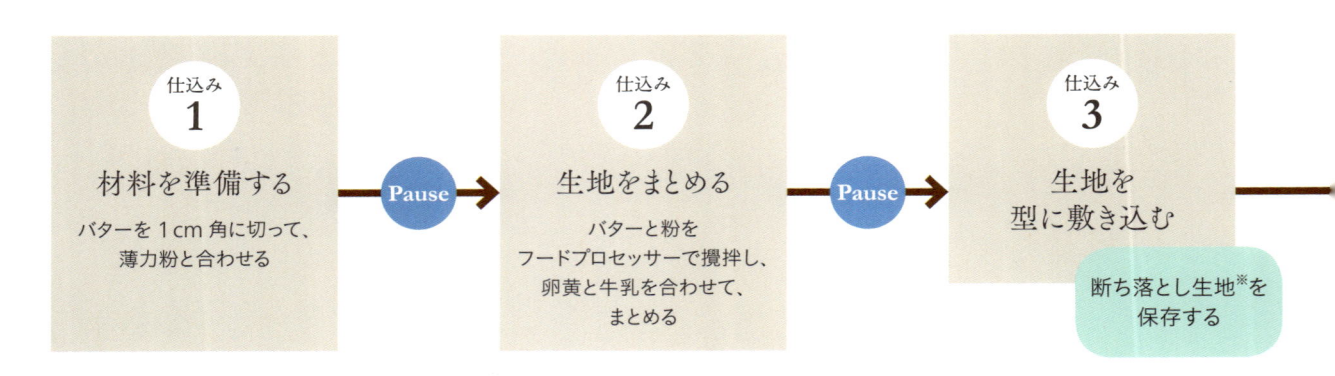

ビスケット生地編

仕込み 1 材料を準備する
バターを1cm角に切って、薄力粉と合わせる

Pause

仕込み 2 生地をまとめる
バターと粉をフードプロセッサーで攪拌し、卵黄と牛乳を合わせて、まとめる

Pause

仕込み 3 生地を型に敷き込む

断ち落とし生地※を保存する

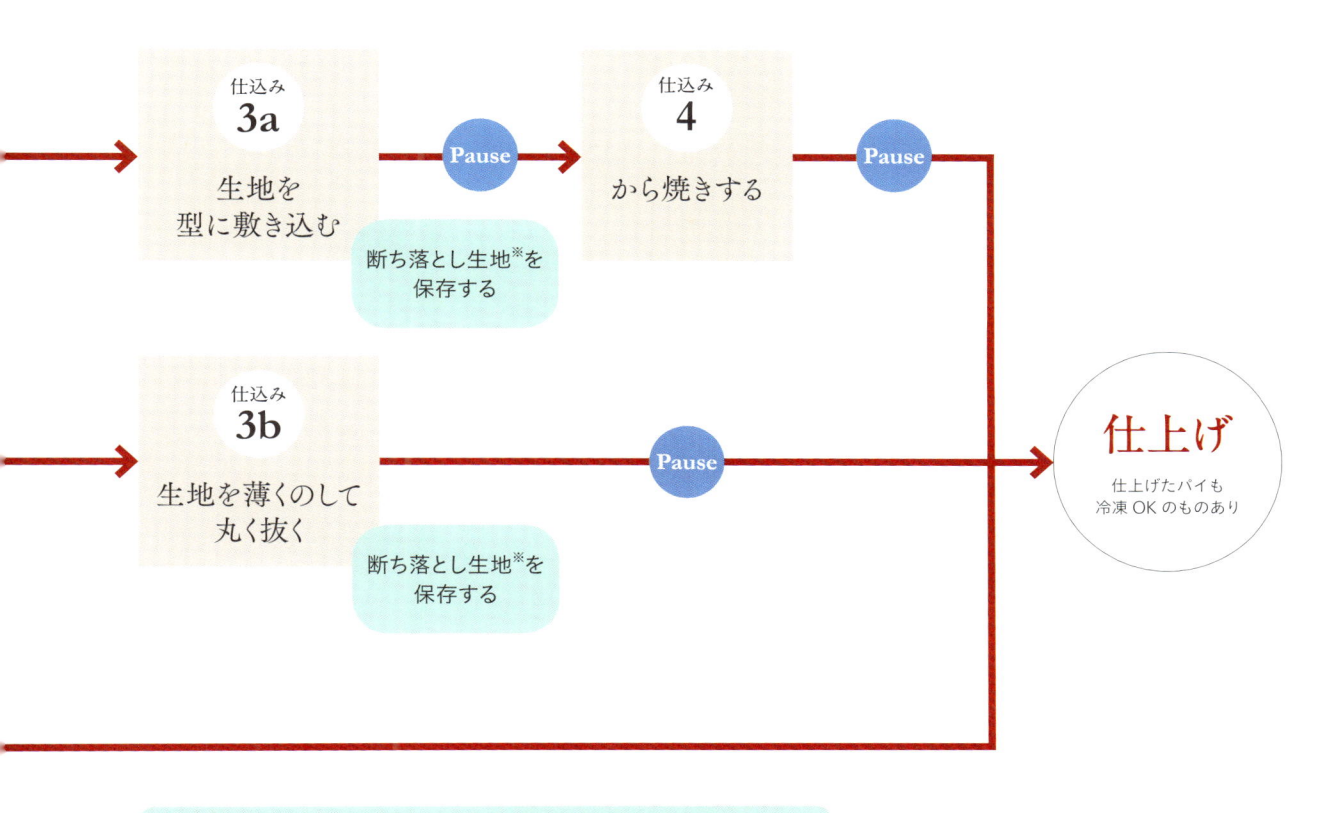

仕込み **3a**
生地を
型に敷き込む

断ち落とし生地※を
保存する

Pause

仕込み **4**
から焼きする

Pause

仕込み **3b**
生地を薄くのして
丸く抜く

断ち落とし生地※を
保存する

Pause

Pause

仕上げ
仕上げたパイも
冷凍 OK のものあり

フィリング（保存可能）の仕込み

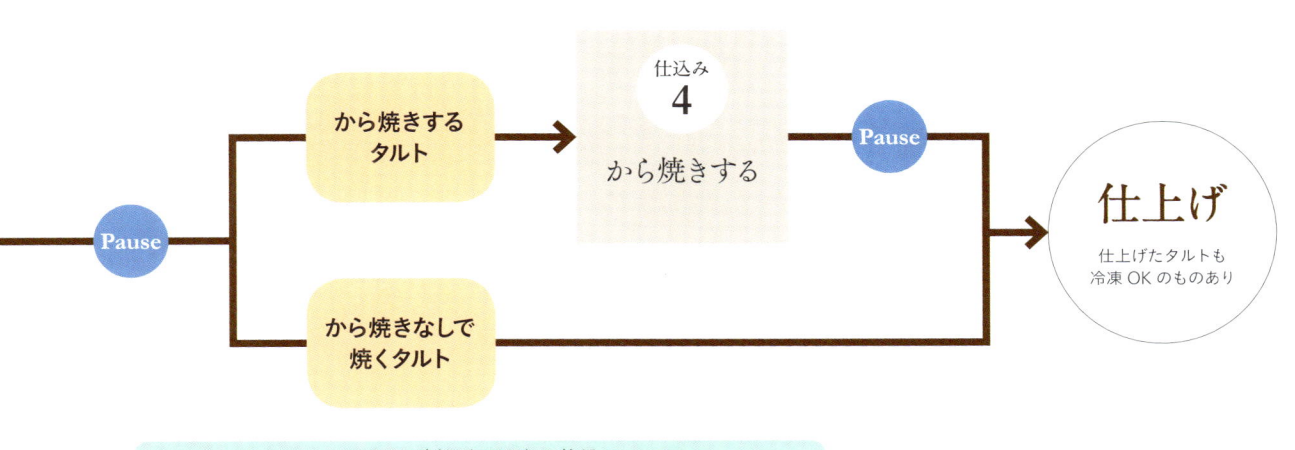

Pause

から焼きする
タルト

仕込み **4**
から焼きする

Pause

から焼きなしで
焼くタルト

仕上げ
仕上げたタルトも
冷凍 OK のものあり

フィリング（保存可能）の仕込み

さあ、空き時間に少しずつ仕込みましょう。

生地の各仕込みの詳細です。
手順は簡単。
コツを覚えたら、写真を追うだけで
作業できるようになります。

さくさくと
層になって焼き上がり、
応用範囲の広い生地です

＊ 各プロセスの作業時間は、慣れれば 10 分程度（オーブンで焼く時間は別）。
＊ 各プロセス後の保存は、冷蔵か冷凍。
ただし、焼成前の生地（**仕込み 1 ～ 3**）の冷凍はどこかで 1 回だけにするのがおすすめ。
手や物に触れた生地の解凍と再冷凍はくり返さないほうが衛生的に安心で、
水分の再冷凍を避けたほうが風味よく保てます。
から焼きが済んだ生地は、再冷凍 OK。
＊ 気温が高い季節はバターが溶けやすくなるので、涼しい季節から始めましょう。

仕込み 1 材料を準備する

バター（1 cm 角に切る）100 g、
薄力粉 150 g を合わせて冷蔵する。
水 100 ml も冷蔵しておく。

パイ生地

材料	タルト型	φ18 cm 2 個分、または φ24 cm 1 個分
	パイ皿	φ21 cm 2 個分、または φ24 cm 1 個分
	セルクル	φ12 cm 4、5 個分

バター … 100 g
薄力粉 … 150 g
冷水 … 約 100 ml

・ バターは、無塩バターが基本。有塩バターを利用してもいい。
・ 冷凍保存したバターを使ってもいい。ただし、**仕込み 2** までに冷蔵
　庫で解凍されていること。
・ 均一に攪拌されるようにバターの大きさをそろえるのがコツ。

Pause ラップフィルムをして冷蔵庫へ。
1 週間以内を目安に **仕込み 2** へ。
（続けて作業するときは、30 分ほど冷蔵庫に入れて、粉とバターをよく冷やす）

⎛仕込み 2⎞ 生地をまとめる

**冷蔵したバターと粉をフードプロセッサーで攪拌。
手早く全体を顆粒状にする。**

・粉まみれのバターの粒に米粒大のものが混ざっていたらさらに攪拌する。一番大きくても、米粒の半分弱になるまで攪拌することが大事。ただしバターは溶かさないこと。指先にバターの粒が感じられることも大切。
・暖かい日は、台を冷やしておくとべたつきにくい。

**冷水を7〜8割加えて、
on offをくり返し、
水分を適度になじませる。**

・へらや手で練らずに、ナイフで素早く切るようにして、ぎりぎりまとまりそうな頃合いを見計らう。ここでは粉気が残るくらいがいい。
・粉気が多すぎる場合のみ、水を足してナイフでなじませる。

台にあけて、いきなりのす。

・台とめん棒に打粉をする。
・ここで練らない。なるべく触らない。ばらばらにならない程度にぎゅっと押してまとめ、めん棒でたたくようにして広げてからのす。
・中心から奥と、中心から手前にのす。台に貼り付かないようカードなどではがしながらのす。
・まず1cm厚さ、30cm長さくらいにのす。長い楕円のような形でいい。

3つ折りにする。

・まだ端は整っていなくても大丈夫。

向きを90度変えて、
今度は4つ折りできるよう長めにのす。

・5～8mm厚さで、縁をカードなどで直線的に整えながら、四角くのす。
・ここではのした生地にバターの粒がぽつぽつと見えるくらいがいい。

4つ折りにする。

・手前と奥を真ん中で合わせてたたみ、さらに真ん中を折る。
・生地が冷たい状態を保ち、バターが溶けないように手早く作業する。生地がべたついたら、その都度冷蔵庫で冷やす。

もう一度向きを90度変えてのし、
4つ折りにする。

・つるんとなめらかで、つやが出ればOK。3回めでこの状態になるのが理想だが、触ってバターの粒がでこぼこに感じられるようなら、もう一度だけのして4つ折りにする。

Pause ラップフィルムで包んで保存。
冷蔵は2日ほど、冷凍は30日ほど保存可能。
（最低でも7時間冷やす）

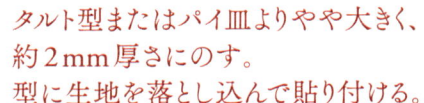

タルト型またはパイ皿よりやや大きく、約2mm厚さにのす。型に生地を落とし込んで貼り付ける。

- 軽く打粉をする。
- 冷凍した**仕込み2**の生地は、冷蔵庫でやわらかくなるまで解凍。
- φ24cmのタルト型、またはパイ皿は全量、φ18cmのタルト型かφ21cmのパイ皿は1/2量使用。
- 均等な厚さにのし、貼り付けるときに生地を引っぱって伸ばさない。
- 底と縁の立ち上がりにすき間ができないようしっかりと貼り付ける。

余分な生地を落とす。

- タルト型はめん棒をころがして、パイ皿はナイフなどで切り落とす。
- 断ち落とした生地は、まとめずにそっと重ね、ラップフィルムで包んで冷蔵か冷凍保存。

タルト型の縁より少し高くなるように生地を押し出す。

- 指で生地を押してさらに型に密着させる。
- パイ皿は、縁の側面と上部にしっかり貼り付ける。

ピケする。

- タルト型は、鋭利な金串でピケする。
- パイ皿は、菜箸か竹串の太いほうでピケする。液状のアパレイユを流さないので、大きめの穴をあけるほうが生地がもち上がらずにから焼きできる。

Pause

ラップフィルムで包んで保存。
冷蔵は2日、冷凍は30日ほど保存可能。
（続けてから焼きするときは、30分ほど冷蔵）

から焼きする

**オーブンペーパーを敷いて、
タルトストーンをのせる。
200℃のオーブンに入れる。**

- **仕込み 3** の生地を冷蔵、または冷凍のまま使う。
- タルトストーンは、縁の高さまでたっぷり入れる。
- タルトストーンが足りないときは、耐熱性の器を置き、周りにストーンをのせるといい。
- パイ皿も同様にタルトストーンをのせて、200℃のオーブンに入れる。

**縁がうっすら色づくまで焼く。
タルトストーンを除いて、
再度ピケする。**

- φ 24 cm のタルト型かパイ皿で 40 分前後、φ 21 cm のパイ皿、φ 18 cm のタルト型で 30 分前後を目安に焼き色で判断する。
- タルトストーンが高温になっているので充分注意する。

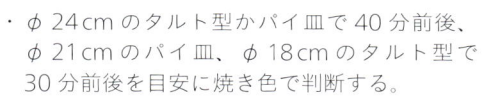

**再度、全体にうっすら
焼き色がつくまで焼く。**

- どの型も 10 分を目安に、焼き色で判断する。
- 途中で生地がふくらむところがあったら、オーブンの扉を開けて手早くつぶすようにピケする。
- ひび割れや穴は、卵液を塗り、再度オーブンに入れて、卵液が乾くまで焼いて補修する。パイの仕上げ時にアパレイユや具材がしみ出て生地が湿気るのを防げる。

Pause **冷ましてラップフィルムで包んで保存。**
冷蔵は 3、4 日、冷凍は 50 日ほど保存可能。
（続けてパイを仕上げるときは、完全に冷ます）

のして丸く抜く

約3mm厚さにのす。

・冷凍した**仕込み2**の生地は、冷蔵庫で解凍。

φ12cmのセルクルで抜く。

・セルクルがなければ、四角く切ってもいい。

ラップフィルムをはさんで重ねる。

・使う時に1枚ずつはがしやすいようにするため。オーブンペーパーでもいい。
・断ち落とした生地は、まとめずにそっと重ねる。ラップフィルムで包んで冷蔵か冷凍保存。

Pause **全体をラップフィルムで包んで保存。**
冷蔵は2日、冷凍は30日ほど保存可能。
（続けてパイを仕上げるときは、30分ほど冷やす）

仕込み別　早見表

パイ生地編

パイ生地より簡単な
ビスケット生地は、
季節の果物のタルトにぴったりです

＊各プロセスの作業時間は、慣れれば10分程度（オーブンで焼く時間は別）。
＊各プロセス後の保存についての注意は、パイ生地と同じです。
＊生地をのしてたたむ必要がなく、パイ生地より失敗しにくく手軽です。
＊型に敷くときも、一気に貼れなくても、
パッチワークのように貼り合わせることもできます。

仕込み 1 バターと粉を準備する

バター（1cm角に切る）100g、
薄力粉 200gを合わせて冷蔵する。

ビスケット生地

材料	タルト型	φ18cm 2個分、または φ24cm 1個分
	タルトレット型	φ7cm 7、8個分

バター … 100g
薄力粉 … 200g
牛乳 … 大さじ3（45ml）
卵黄 … 1個分

・バターは、無塩バターが基本。有塩バターを利用してもいい。
・冷凍保存したバターを使ってもいい。ただし、**仕込み2**までに冷蔵
　庫で解凍されていること。
・均一に攪拌されるようにバターの大きさをそろえるのがコツ。

Pause ラップフィルムをして冷蔵保存。
1週間以内を目安に**仕込み2**へ。
（続けて作業するときは、30分ほど冷蔵庫に入れて、粉とバターをよく冷やす）

仕込み 2 生地をまとめる

牛乳大さじ3、
卵黄1個分を合わせる。

・暖かい季節は、冷蔵庫で冷やしておく。

冷蔵したバターと粉を
フードプロセッサーで攪拌。
手早く全体を顆粒状にする。

・粉まみれのバターの粒に米粒大のものが混ざっていたらさらに攪拌する。一番大きくても、米粒の半分弱になるまで攪拌することが大事。ただしバターは溶かさないこと。指先にバターの粒が感じられることも大切。
・暖かい日は、台を冷やしておくとべたつきにくい。

合わせた牛乳と卵黄を加えて、
数秒攪拌する。

・均一に混ざるまで攪拌しない。全体が一瞬攪拌されたら、ぼそぼその状態でもそこでやめる。

ボウルにあけてぎゅっと押してまとめる。
ラップフィルムで包み、薄く整える。

・ボウルにあけるときはナイフを使って手早く行う。手やへらで練らない。ボウルの中でもこねない。手で数度押し付けてまとめる。
・ラップフィルムで包むときも直接手で触らずに、包みながら四角く薄めに整える。保存して冷えてかたくなっても薄くしておくと切り分けやすいし、室温で早くやわらかくなる。

このまま保存。
冷蔵は2日ほど、冷凍は30日ほど保存可能。
（続けて作業するときは約1時間、完全に冷やす）

生地を適量ずつ、オーブンペーパーではさんで上からのす。

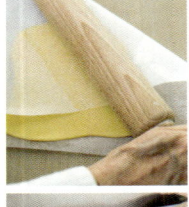

・冷凍した**仕込み2**の生地は、冷蔵庫で解凍。
・φ24cmのタルト型は全量、φ18cmは1/2量。
・φ7cmのタルトレット型は7、8個分で全量。
・打粉不要。
・かたいときは、少し室温においてのせるくらいのかたさにする。
・室温が高いときや大きくのすのが難しいときは、手早く作業できるように少量ずつのして足りないところにつぎ足しするパッチワーク式でも大丈夫。切り分けた残りの生地はすぐに冷蔵庫へ。

2〜3mm厚さにのす。

・オーブンペーパーを生地の厚いところに当て直しながら均等な厚さにのす。
・オーブンペーパーの代わりにファスナー付きビニール袋に入れてのしてもいい。目のつまったキッチンクロスでもいい。

型に落とし込んで貼り付ける。

・生地をオーブンペーパーに貼り付けたまま型の上に移動させ、生地をひっぱらないように型に落とし込み、密着させる。
・この段階では、型全体に生地がのらず、足りないところがあっても大丈夫。

足りないところに
余った生地をのして貼る。

- 型からはみ出した生地や切り分けてのしたときの残りの生地を、足りない部分の形を意識してのす。
- のす間は、生地を貼った型は冷蔵庫に入れて冷たい状態を保つ。
- つぎ目を重ねて、指で貼り付けて、きっちりなじませる。

底と縁の立ち上がりに
すき間が
できないようにする。

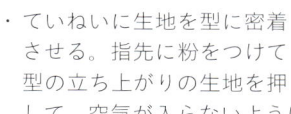
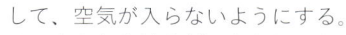

- ていねいに生地を型に密着させる。指先に粉をつけて型の立ち上がりの生地を押して、空気が入らないようにする。
- はみ出した生地を折りたたむようにして型の縁にしっかり貼る。
- 生地が厚いところを薄いところに向かって押して、均一な厚さにする。ただし、焼くと縁が壊れやすくなるので、縁は底より厚くする。

縁からはみ出た生地を落とす。

- 人差し指で縁の生地を上に押し出しながら型に密着させ、反対の手の親指で型より少し高くなるように落とす。その後、縁を指先で整える。
- 断ち落とした生地は、ラップフィルムで包みながら四角く薄めに整えて冷蔵か冷凍保存する。

Pause　ラップフィルムで包んで保存。

冷蔵は1日、冷凍は30日ほど保存可能。

（続けてから焼きするときも、タルトを仕上げるときも、30分ほど冷やす）

から焼きする

フォークでピケする。

・**仕込み 3** の生地を冷蔵、または冷凍のまま使う。
・縁の立ち上がり部分がふくれやすいので、角までていねいにピケする。

**オーブンペーパーを敷いて、
タルトストーンをのせる。
200℃のオーブンに入れる。**

・タルトストーンの扱いについては、パイ生地同様（▶p.13）。

**縁がうっすら色づくまで焼き、
タルトストーンを除く。**

・φ24cm で 40 分前後、φ18cm で 30 分前後を目安に、焼き色で判断する。
・高温のタルトストーンに注意する。

**再度、全体にうっすら
焼き色がつくまで焼く。
ひび割れや穴をチェック。**

・どの型も 10 分を目安に、焼き色で判断する。
・途中で生地がふくらむところがあったら、オーブンの扉を開いて手早くつぶすようにピケする。
・ひび割れや穴は、卵液を塗り、再度オーブンに入れて、卵液が乾くまで焼いて補修する。タルトの仕上げ時にアパレイユや具材がしみ出て生地が湿気るのを防げる。

Pause　冷ましてラップフィルムで包んで保存。
冷蔵は 3、4 日、冷凍は 50 日ほど保存可能。
（続けてタルトを仕上げるときは、完全に冷ます）

ビスケット生地編

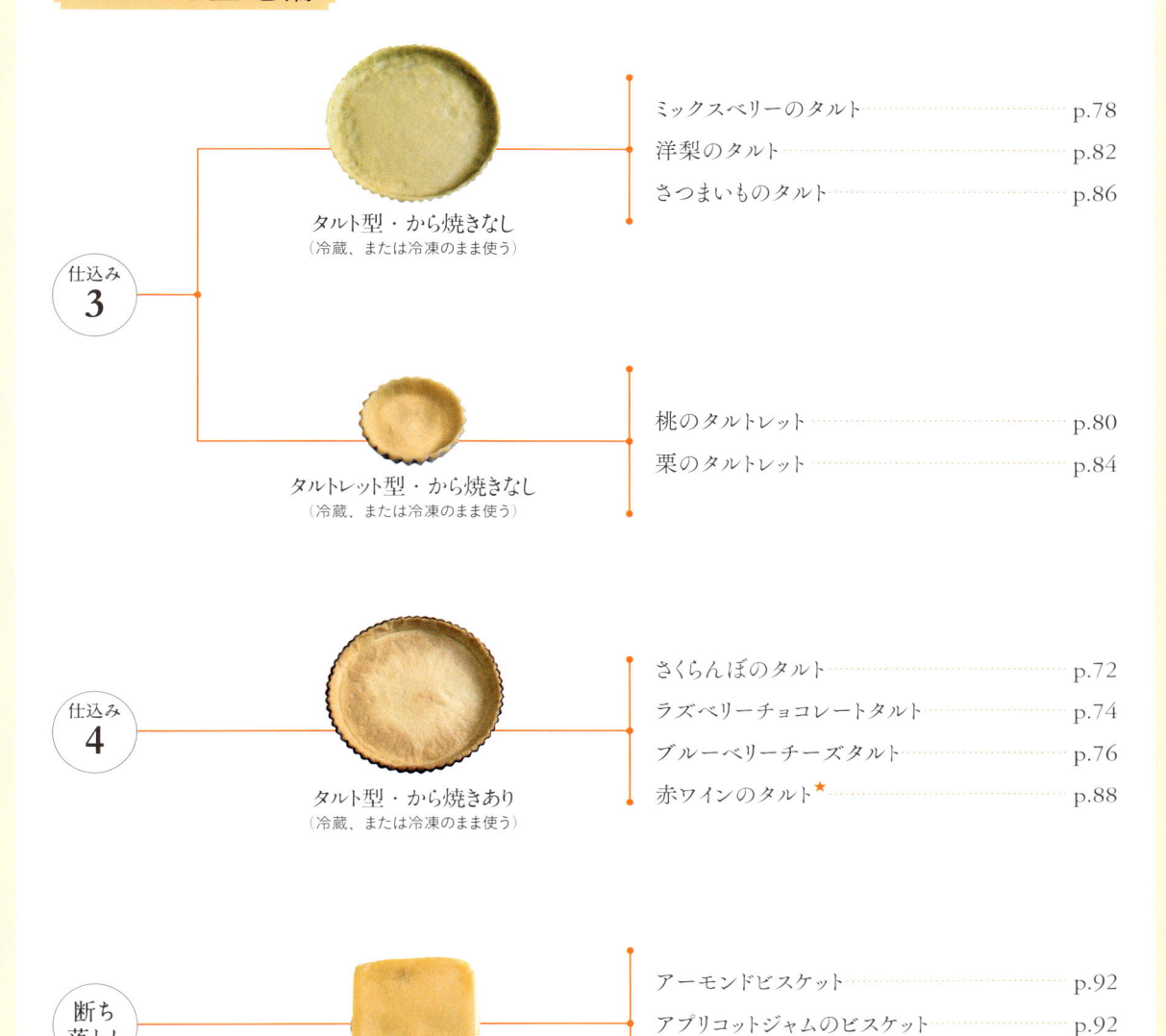

仕込んだパイ生地で焼く

様々なパイ

層ができて焼き上がり、サクサクと歯切れよく、
バターが香る生地。
塩気も砂糖の味もないので、
食事からデザートまで
多彩な展開が楽しめます。

* オーブン 200℃ は、パイを仕上げるときの温度です。 オーブン 200℃▶180℃ の場合は、薄く焼き色がついたら温度を下げます。

* **オーブンの焼き時間**は、目安です。オーブンの機種、生地の厚さや状態、季節により焼き時間は異なります。「火が通るまで焼く」とあるものは、乾いた竹串の太いほうを刺して何もついてこないか、型ごとゆすると全体が一体となって揺れるのが目安です。

* 冷凍 OK は、焼き上げたパイを冷凍保存できる場合に表記しています。タルト型やパイ皿で焼いたものは切り分けて、冷凍保存します。解凍、温めの方法は、p.95 を参考にしてください。

仕込み	オーブン	冷凍
4	200℃▸ 180℃	OK

秋のきのこのパイ

乾燥ポルチーニ独特の香りを生かしたパイです。
フレッシュなきのこの食感もたっぷり加えました。
さくさくのパイ生地ときのこのうまみいっぱいのアパレイユとの相性をどうぞ。

フィリングの仕込み（きのこと煮汁）

材料 タルト型サイズ	φ18cm	φ24cm
ドライポルチーニ （あればドライモリーユと合わせて）	約13g	約20g
ぬるま湯	130ml	200ml
しめじ	70g	120g
生しいたけ	4枚	6枚
にんにく（芯を除く）	小1片	1片
オリーブ油、バター	各適量	各適量
生クリーム	130ml	200ml

1 ドライポルチーニ（あればドライモリーユも）はさっと洗って、分量のぬるま湯に浸してもどす。もどし汁はこす。ポルチーニは大きければ切る（モリーユは半割りにして汚れを除き、さらに半分に切る）。

2 しめじと生しいたけは、石づきを取り、適宜切る。にんにくは、みじん切りにする。

3 鍋にオリーブ油、バター、にんにくを入れて火にかけ、香りが出たらきのこ類を加えて炒める。しんなりするまでよく炒めたら、生クリームともどし汁を加えて（写真A）2～3分煮る。

4 一度ストレーナーにあけて、きのこはとりおき、煮汁だけを鍋に戻して煮詰める。時々計って（写真B）φ18cm用は130ml、φ24cm用は200mlまで煮詰める。きのこと煮汁を冷ます。

＊ ドライポルチーニはもどし汁が必要なので必ず使う。ほかのきのこは、えのき茸やなめこなど水気の多いきのこ以外なら手に入るもので。

＊ 前日に作って冷蔵保存可（香りがとばないように密封して保存）。

パイ

材料 タルト型サイズ	φ18cm	φ24cm
パイ生地（仕込み4／▸p.13）		
フィリングのきのこ	18cm用	24cm用

アパレイユ

	φ18cm	φ24cm
フィリングのきのこの煮汁	18cm用	24cm用
卵黄	1個分	2個分
パルミジャーノレジャーノ	30g	40g
塩、こしょう	各適量	各適量

1 パイ生地の上にきのこを広げる。

2 パルミジャーノレジャーノを粗くおろして、ほかのアパレイユの材料と合わせる。**1**の上に流し入れ、平らにならして、オーブンに入れる。

3 30～40分を目安に焼く。表面が焦げるようなら途中でアルミフォイルをかぶせて、火が通るまで焼く。

＊ 液状のアパレイユをこぼさないように焼くコツは、まずアパレイユをパイ生地の縁の一番低いところに合わせてこぼれないように入れる。アパレイユが余ったら、まず表面がかたまるまで焼き、一度取り出して表面の膜にナイフで穴をあけ、そこからそっと残りのアパレイユを注ぎ入れて、オーブンに戻す（写真C）。

A B C

春野菜のパイ

アスパラガスやレタスがみずみずしく、
新玉ねぎはやさしい甘さです。
この季節ならではのグリーンピースの食感も楽しい。
野菜の食感、うまみ、ほろ苦さや甘みを焼き込んだパイです。

材料

タルト型サイズ	φ18cm	φ24cm
パイ生地（仕込み4 / ▶p.13）		
グリーンアスパラガス	小3本	小6本
グリーンピース（正味）	60g	100g
レタス	60g	100g
新玉ねぎ	60g	100g
オリーブ油	適量	適量
塩、こしょう	各少々	各少々
アパレイユ		
グリュイエールチーズ	60g	100g
卵	1/2個	1個
卵黄	1個分	1個分
生クリーム	180ml	300ml

1 グリーンアスパラガスは、かたい根元を除いて、下から1/3ほどの皮をむき、さっとゆでて、穂先は長めに、軸は1.5cm長さに切る。グリーンピースはゆでる。レタスはざく切り、新玉ねぎは縦半分にして、縦の薄切りにする（**写真A**）。

2 オリーブ油で玉ねぎを炒め、アスパラガス、グリーンピースの順に加えて炒め、レタスを入れて全体を軽く炒め合わせ（**写真B**）、塩こしょうする。冷ましておく。

3 チーズを粗くおろし、ほかのアパレイユの材料と合わせる。

4 パイ生地の上に **2** の野菜を広げ入れ、**3** のアパレイユを流して、こしょうをふり、オーブンに入れる。

5 30分を目安に、火が通るまで焼く。

＊ 春野菜は、レタスと新玉ねぎはぜひ使いたいが、ほかは新にんじん、そら豆、いんげんなどお好みで。

＊ 底が抜けるタルト型をはずすコツは、小さめのボウルなどの上に焼けたパイを型ごと置き、外枠を落とす（**写真C**）。

A

B

C

ほうれん草と
ベーコンのキッシュ

		仕込み	オーブン	冷凍
		4	200℃▸180℃	OK

ベーコンのパイ、オリジナル・キッシュ・ロレーヌ（▸p.46）の簡単版。
ほうれん草やチーズが入るので、
アパレイユを焼きかためやすいからです。
さくさくのパイ生地とチーズと卵の風味――誰にも好かれる味わいです。

材料

タルト型サイズ	φ18cm	φ24cm
パイ生地（仕込み4／▸p.13）		
ほうれん草	1/2わ	1わ
ベーコン（できれば塊）	70g	100g
塩、こしょう	各少々	各少々

アパレイユ

	φ18cm	φ24cm
卵	1個	2個
卵黄	1個分	1個分
生クリーム	200ml	300ml
グリュイエールチーズ	90g	135g
こしょう	少々	少々

1 ほうれん草は、さっとゆでて、2cm長さに切る。

2 ベーコンは、約5mm厚さにスライスし、棒状に切る。

3 **2**のベーコンをフライパンに入れて火にかけ、脂が出たら**1**のほうれん草を加えて軽く炒め、塩こしょうして火を止める。

4 チーズは粗くおろし、ほかのアパレイユの材料と合わせる。

5 パイ生地に**3**のほうれん草とベーコンを広げる。**4**のアパレイユを流して、こしょうをふり、オーブンに入れる。

6 40〜50分を目安に火が通るまで焼く。

* サラダを添えれば、ブランチや昼食にバランスのよい1皿に（**写真A**）。

A

サーモンとアスパラガスのパイ

細めのアスパラガスで作ってほしいパイ。緑とオレンジの切り口もきれいで、
春から初夏が似合います。チーズの入らない軽い味わいです。

仕込み **4**　オーブン **200**℃▶**180**℃

材料 タルト型サイズ	φ18cm	φ24cm
パイ生地（仕込み4／▶p.13）		
グリーンアスパラガス	5本	8本
スモークサーモン（薄切り）	60g	80g
ディル	適量	適量
アパレイユ		
卵	1個	2個
卵黄	2個分	2個分
生クリーム	130ml	200ml
ナツメグ、こしょう	各少々	各少々

1 アスパラガスは、かたい根元を除いて、下から1/3ほどの皮をむき、さっとゆでる。型に放射状に置ける長さに切る。

2 サーモンは、大きければ半分に切る。ディルは、みじん切りにする。

3 アパレイユの材料を合わせて、ディルを加える。

4 パイ生地にサーモンを並べ、アスパラガスを放射状に並べる。3のアパレイユをそっと流して、オーブンに入れる。

5 30分を目安に火が通るまで焼く。ディルの葉を飾り、好みでこしょうをふる。

＊ アスパラガスの穂先側だけ放射状に並べて、残りは適当な長さに切って散らすと、無駄が出にくい。

＊ サーモンに塩気があるので、塩は加えない。食べて足りないときは、フルール・ド・セルや岩塩などを添える。フルール・ド・セルは、塩の花。結晶状の塩のこと。

ブルーチーズとくるみのパイ

サーモンとアスパラガスのパイの具材を変えただけですが、
個性的で食べごたえあるパイになりました。おもてなしの前菜にもおすすめです。

 仕込み **4**

 オーブン **200℃▶180℃**

 冷凍 **OK**

材料 タルト型サイズ	φ18cm	φ24cm
パイ生地(仕込み4／▶p.13)		
ほうれん草(葉)	1/2わ分	1わ分
むきぐるみ	20g	30g
ブルーチーズ	80g	120g
アパレイユ		
卵	1個	2個
卵黄	2個分	2個分
生クリーム	130ml	200ml
ナツメグ、こしょう	各少々	各少々
黒こしょう	適量	適量

1 ほうれん草は、さっとゆでる。くるみは刻む。

2 パイ生地の上に、よく水気を絞ったほうれん草の葉を広げ
て敷く(写真A)。

3 さらにくるみを散らして、ブルーチーズを粗くくずして広げ
る(写真B)。

4 アパレイユの材料を合わせて、流し入れ、黒こしょうをふる。

5 オーブンに入れて、φ18cmで20分、φ24cmで40分を
目安に火が通るまで焼く。

＊ ブルーチーズは、ロックフォール、ゴルゴンゾーラ、スティルトンなど好
みのもので。塩味が強いので、塩は加えない。

＊ フルボディの赤ワインやソーテルヌなどの貴腐ワインに合わせるのがおす
すめのパイ。

あめ色玉ねぎのパイ

仕込み	オーブン	冷凍
4日	200℃▶180℃	OK

使う玉ねぎの量に、皆さん驚かれます。
シンプルなのに、こくと甘みが濃厚でリッチな味わい。
薄く切ってワインに合わせるフィンガーフードに。

フィリングの仕込み（あめ色玉ねぎ）

材料 タルト型サイズ	φ18cm	φ24cm
玉ねぎ	大5個	大8個
塩	小さじ1/2強	小さじ1
バター	40g	60g
塩、こしょう	各少々	各少々

1 玉ねぎは、繊維に沿って縦薄切りにする。

2 厚手の鍋にバターを入れて中火にかけ、玉ねぎを入れる（**写真A**）。塩をふって全体にからむように混ぜたら、ふたをしてごく弱火にし、蒸らしながら時々かき混ぜる。

3 玉ねぎがしんなりして水分が出てきたら、ふたを取り、中火にして炒める。焦がさないように時々底からかき混ぜて、じっくりと色づける。鍋から離れるときは弱火にして、焦がさないように注意する。

4 水分がなくなってきたら焦げやすくなるので絶えず混ぜながら、あめ色に炒める（**写真B**）。

5 塩、こしょうで薄めに味を調えて、冷ます。

＊ 冷蔵で10日ほど、冷凍で3ヶ月ほど保存可能。

パイ

材料 タルト型サイズ	φ18cm	φ24cm
パイ生地（**仕込み4**／▶p.13）		
あめ色玉ねぎ	18cm用	24cm用
卵黄	3個分	4個分
生クリーム	200ml	300ml
黒こしょう	適量	適量

1 卵黄と生クリームを混ぜ合わせ、あめ色玉ねぎを加えてよく混ぜる。

2 1をパイ生地の上に入れてならし、たたきつぶしたこしょうを散らして、オーブンに入れる。

3 20〜30分を目安に火が通るまで焼く。

＊ 中心まで火が通るようにじっくり焼くとおいしいので、焦がさないように火加減する。途中でアルミフォイルをかぶせるとフィリングが付いてしまうので、オーブンの温度で加減する。

＊ 塩がきいているとおいしい。フィリングは薄味にして食べる時にフルール・ド・セルや岩塩を添えるといい。

＊ 濃厚な味わいなので、φ24cmなら18等分くらいに薄く切って、オードブルにするのもおすすめ（**写真C**）。

A

B

C

3種のチーズのパイ

仕込み	オーブン	冷凍
4	200℃▶180℃	OK

ふわりとした食感の甘いチーズタルトを塩味にして食事用に。
3種類のチーズをたっぷり使うので、こくはありますが
口当たりは軽やか。
ほろ苦い葉野菜やハーブを使ったサラダを合わせるのがおすすめ。

材料

タルト型サイズ	φ18cm	φ24cm
パイ生地（**仕込み4**／▶p.13）		
グリュイエールチーズ	70g	100g
エメンタールチーズ	30g	50g
フロマージュブラン	150g	200g
（または、裏ごしタイプのカッテージチーズ）		
a 卵	1個	2個
生クリーム	70ml	100ml
ナツメグ、黒こしょう	各適量	各適量

1 チーズを準備する（**写真A**）。グリュイエールとエメンタール
　は粗くおろし（**写真B**）、フロマージュブランと合わせる。

2 **1**のチーズと**a**を合わせて、パイ生地の上に流し入れる。

3 オーブンに入れて、20〜30分を目安に火が通るまで焼く。

＊ チコリ、エンダイブなどの葉野菜がおすすめ（**写真C**）。

A

B

C

パプリカのパイ

夏野菜でピッツァの感覚でパイを作りました。
アパレイユを流さないので、作りやすく、
焼きパプリカとセミドライトマトを作っておけば、
あとは焼くだけと簡単です。

フィリングの仕込み（焼きパプリカ）

材料	タルト型サイズ	φ18cm	φ24cm
	赤パプリカ	大1個	2個
	黄パプリカ	大1個	2個
	オレンジパプリカ	大1個	2個

1 パプリカは、縦半分に切って、へたと種を除き、切り口を下にしてアルミフォイルを敷いた天板に並べ、180℃のオーブンで皮がやわらかくなるまで20〜30分を目安に焼く（写真A）。

2 アルミフォイルで包んで蒸らす（写真B）。

3 皮をむく。

＊ パプリカの色をきれいに仕上げるために皮を焦がさないように焼く。
＊ 2、3日冷蔵保存可能。

フィリングの仕込み（セミドライトマト）

材料	作りやすい分量
	チェリートマト … 1パック
	塩 … 少々

1 チェリートマトは、横半分に切って種を除き、オーブンペーパーを敷いた天板に切り口を上にして並べ、軽く塩をふって、120℃のオーブンに入れる。

2 1〜2時間かけて乾かす（写真C）。

＊ オーブンである程度乾かしてから天日干しすると、よりうま味が凝縮され、保存期間も長くなる。
＊ 冷蔵で1週間ほど、冷凍で2ヶ月ほど保存可能。

パイ

材料	タルト型サイズ	φ18cm	φ24cm
	パイ生地（仕込み4／▶p.13）		
	焼きパプリカ	18cm用	24cm用
	セミドライトマト	適量	適量
	黒オリーブ（種なし）	8個	15個
	にんにく（芯を除く）	小1片	1片
	パルミジャーノレジャーノ	70g	100g
	モッツァレラチーズ	70g	1個（約100g）
	タイム、ローズマリー	各適量	各適量
	塩、こしょう	各少々	各少々
	オリーブ油	適量	適量
	バジル	適量	適量

1 焼きパプリカは、1cm幅に縦に切り、長さを型に放射状に置けるように切る。落とした端きれも使う。

2 オリーブは半分に、にんにくはみじん切りにする。パルミジャーノレジャーノは薄く削り、モッツァレラチーズは約1cm角に切る。

3 パイ生地の上にパルミジャーノレジャーノを敷き、パプリカの端きれを広げて、長さをそろえたパプリカを彩りよく放射状に並べる。

4 セミドライトマト、オリーブ、にんにく、モッツァレラを並べ、タイム、ローズマリー、塩、こしょうを散らして、オリーブ油を回しかける（写真D）。

5 オーブンに入れて、20〜30分を目安に、チーズが溶け、にんにくに香ばしい焼き色がつくまで焼く。バジルを散らす。

A

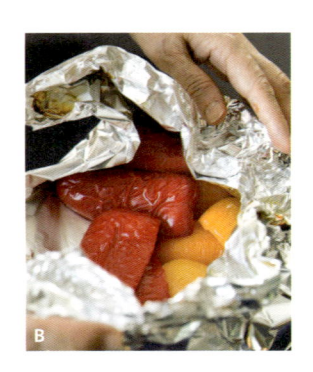

B

C

D

かにのパイ

シンプルな材料でご馳走になるので、
教室でお教えするとたいへん喜ばれるパイです。
チーズの入らないアパレイユなので、
かにの風味を引き立てます。

仕込み	オーブン	冷凍
4	200℃▶180℃	OK

材料 タルト型サイズ	φ18cm	φ24cm
パイ生地 (**仕込み4** ／ ▶p.13)		
かにのむき身 (缶詰でもいい)	約130g	約200g
レモンの絞り汁	1/2個分	1個分
パセリ、チャイブ	各適量	各適量
アパレイユ		
卵	2個	4個
卵黄	1個分	1個分
生クリーム	130ml	200ml
塩、こしょう	各少々	各少々

1 かにのむき身は、水気をきり、ほぐして軟骨を除き、レモン汁をかけておく。

2 パセリ、チャイブは、みじん切りにする。

3 アパレイユの材料を合わせて、**1** のかにと **2** のハーブを混ぜ、塩こしょうする。

4 パイ生地の上に **3** を流し入れて具を均等にならす。オーブンに入れて、15～25分を目安に火が通るまで焼く。

ミートパイ

パイ生地のバターの風味も、ひき肉のパテの味も
懐かしさを感じるような洋食の味わい。
ひき肉にカレー粉を加えるのもおすすめです。

仕込み **3b** ／ オーブン **200**℃ ／ 冷凍 **OK**

材料 パイ4、5個分

パイ生地 (**仕込み3b** ／ ▶p.14) … 4、5枚

フィリング
- 玉ねぎ … 小1/2個
- 食パン (8枚切) … 1枚
- 牛乳 … 大さじ2
- 牛ひき肉 … 150g
- 卵 … 1/2個
- トマトケチャップ … 大さじ1・1/2
- ナツメグ … 少々
- 塩、こしょう … 各少々

卵白、卵黄 … 各適量

1 玉ねぎは、みじん切りにする。パンは、耳を落としてちぎり、牛乳をふりかける。

2 1と牛ひき肉を合わせて混ぜ、といた卵、トマトケチャップ、ナツメグ、塩、こしょうを加えて混ぜる。

3 4、5等分にして丸めておく。

4 打粉をして、パイ生地をめん棒でのばしてだ円にし、3のフィリングを片側に寄せてのせ、半分に折る (**写真A**)。

5 縁に卵白を塗ってとじ、フォークの先で押さえて模様をつけるようにしながらしっかりとじる (**写真B**)。

6 表面に卵黄を塗り、フォークで穴をあける (**写真C**)。

7 オーブンに入れて、30分を目安に焼き色がつくまで焼く。ペティナイフの刃先を中心に刺して10秒おき、抜いた刃先が熱くなっていれば焼き上がり。

＊ 四角く切った生地で包んでもよく、その場合は三角に折りたたみ、2辺をとじる。

＊ ハンバーグを作ったときにタネの一部をとり分けて作ってもいい。水分が少なめのややかための タネなら大丈夫。

A B C

ポテトクリームパイ

肉料理のボリュームがひかえめなときに、つけ合せにしています。
断ち落としの生地で小さく焼いてもいいし、生クリームの代わりに牛乳を足しても大丈夫。

仕込み **2**	オーブン **230℃▶180℃**	冷凍 **OK**

フィリングの仕込み（じゃがいものクリーム煮）

材料 24×18cmの耐熱皿 1台分

じゃがいも … 大4個　　牛乳 … 200ml
生クリーム … 100ml　　塩、こしょう … 各少々
バター … 適量

1 じゃがいもは、皮をむいて薄切りにする。水にはさらさない。

2 バターを塗った耐熱皿に塩こしょうしながら少しずつ並べ入れ、層になるよう重ねる。牛乳、生クリームを注ぎ、バターを散らして、アルミフォイルをかぶせる。

3 200℃のオーブンで、じゃがいもがやわらかくなるまで焼く。途中様子を見て、水分がなくなっていたら生クリームを補う。

4 オーブンから出して冷ます。

＊ 前日に作って耐熱皿のまま冷蔵保存可。

 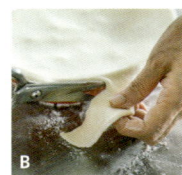 
A　　　B　　　C

パイ

材料 パイ生地（仕込み2／▶p.10） … 1/2～1/3量（または断ち落とし）
じゃがいものクリーム煮 … 全量
卵白、卵黄 … 各1個分

1 10cm 角くらいのオーブンペーパー（またはアルミフォイル）を用意しておく。

2 打粉をして、パイ生地を耐熱皿の大きさに合わせて約3mm厚さにのす。

3 じゃがいものクリーム煮の耐熱皿の縁をざっときれいにして、卵白を縁の外側上部数cmに塗り、2 の生地をかぶせて（写真A）とじ、余分な生地をはさみなどで断ち落とす（写真B）。

4 1 のオーブンペーパーをくるりと丸め、生地の上部に穴をあけて差し込み、煙突状の空気穴にする。

5 卵黄（または全卵）を塗って（写真C）、230℃のオーブンに入れ、30 分を目安に焼く。

6 生地がふくらんで焼き色がつき始めたら生地が焦げないように 180℃に落とし、じゃがいもが熱くなるまで焼く。

＊ 作り方3 でも冷凍保存できる。冷蔵庫で解凍後、同様に焼く。

チキンクリームパイ

パイ生地があれば残り物もこんなリメイクができます。
生地も、たまった断ち落としでもいいのです。さくさくの生地をくずして浸しながら楽しみます。

| 仕込み **2** | オーブン **230**℃ ▶ **180**℃ | 冷凍 **OK** |

材料　φ8cmのココット型 4個分

パイ生地（**仕込み2** ／ ▶p.10）… 1/2量（または断ち落とし）
チキンクリーム煮など濃度のある煮込み… 適量
卵白、卵黄… 各1個分

1 ココット型など深めの耐熱容器に冷えているチキンクリーム煮などの煮込みを入れる。

2 打粉をして、パイ生地を約3mm厚さにのし、容器の大きさに合わせて切る（**写真 A**）。

3 容器の縁に卵白を塗り、**2**の生地をかぶせて縁をとじる。

4 卵黄（または全卵）を塗って、ナイフで数ヶ所に切れ目を入れる（**写真 B**）。

5 230℃のオーブンに入れて、生地がふくらんで焼き色がつき始めたら生地が焦げないように180℃に落とし、クリーム煮が熱くなるまで焼く。約30分が目安。

＊ ポテトクリームパイと共に、具と生地の空間を空けすぎないのがコツ。パイ生地が沈みにくくなる。

＊ チキンクリーム煮のほかに魚介のクリーム煮、シチュー、欧風カレーなど濃度のあるものでどうぞ。スープ状のものはパイ生地が落ちてしまうので不向き。

＊ 作り方**3**でも冷凍保存できる。冷蔵庫で解凍後、同様に焼く。

アスパラガスと生ハムのパイ

仕込み **2**　オーブン **200**℃

旬のみずみずしいアスパラガスがほくほくとやわらかく、
生ハムの塩気がおいしさを引き立てます。
型を使わずに、こんなユニークなパイも焼けます。

材料 8切れ分

パイ生地（**仕込み2** / ▶p.10）… 全量
グリーンアスパラガス … 16本
生ハム … 8枚
グリュイエールチーズ … 160g
オリーブ油 … 適量
塩（フルール・ド・セルなど）、こしょう … 各適量

1　アスパラガスは、かたい根元を除いて、下から1/3ほどの皮をむき、長さをそろえる。半量に生ハムを巻く。チーズは、粗くおろす。天板にオーブンペーパーを敷く。

2　生地をカードなどで端を整えながら長方形にのす。縦はアスパラガスの長さ＋4cm、幅はアスパラガス16本分＋4cm、厚さは約3mm。オーブンの大きさに合わせて2枚に分けてもいい。

3　2の生地の4辺に幅1.5〜2cmの縁を残して内側にピケする（**写真A**）。冷蔵庫で冷やす。

4　200℃のオーブンに入れて20分を目安に焼き色がつくまでから焼きする。ピケをしていない縁が高く焼き上がることになる（**写真B**）。粗熱をとる。

5　4の生地の内側にチーズを敷き詰める。アスパラガスを生ハムを巻いたものと巻かないものとを交互に並べる。穂先の向きも交互にする（**写真C**）。オリーブ油を回しかけ、こしょうを散らす。

6　オーブンに入れて25分を目安に、チーズが溶けてアスパラガスがやわらかくなるまで焼き、熱いうちに食卓へ。アスパラガス2本分を1切れとして細長く切り分ける（**写真D**）。好みで塩をふる。

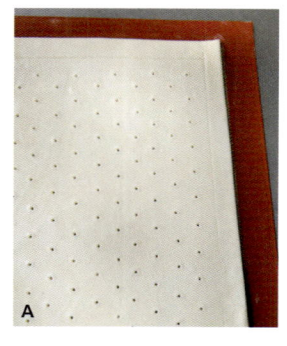
A

B

C

D

オリジナル・
キッシュ・ロレーヌ

キッシュとは、伝統的には
フランス・ロレーヌ地方の塩漬けハムで作るタルトをいいます。
今では様々な塩味のタルトがキッシュと呼ばれますが、
私にとってキッシュといえばやはりこれ。
それも元来のレシピである
チーズの入らないキッシュ・ロレーヌに
やっと行き着きました。

味のいいベーコンの塊がなければ
作れません。

卵と生クリームだけのアパレイユです。
チーズが入らないので
かたまりにくく難しいのですが、
パイ生地の中で
洋風茶碗蒸しのように
ふるふるに焼き上がるのが魅力。

セルクルで生地に充分な高さを出して焼き上げるには、
生地が滑り落ちないように
貼り付けるために気合いも必要。
たっぷりのタルトストーンも使います。

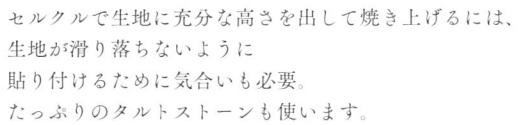

キッシュ・ロレーヌ用のパイ生地を
から焼きまで済ませて冷凍保存しておくことも。
仕込んだ生地があれば、当日は焼き上げに集中できます。
ベーコン200g、卵3個、卵黄5個分、
生クリーム800mlが入ってしまうボリューム。

たっぷりのアパレイユに
時間をかけて火を通します。
表面においしそうな焼き色がついても、
中はまだ液状。
火加減を調整したりフォイルをかぶせたり、
慎重に焼き上げます。

上手に焼き上がった喜びも一緒に、
温かいうちに食卓へ。
きりっと冷えた白ワインを用意して、
皆さまの前で切り分けます。
食卓が華やかになるにんじんサラダと
紫玉ねぎのサラダをキッシュに添えるのが定番です。
ナイフを入れると揺れるように卵生地が崩れて、
歓声が上がります。
たっぷりのベーコン、さくさくのパイ生地、
食べる部分で味わいが違うのもおいしさの一つ。
ボリュームあるひと切れも、チーズが入っていないためか
するっとおなかに収まります。

オリジナル・キッシュ・ロレーヌ

揺れるようにやわらかく焼き上がるアパレイユの良さを生かすには
パイ生地に充分な高さが必要です。
型でなく、セルクルに生地を貼り付ける方法を思いつきました。

仕込み	オーブン
2	180℃

パイ

セルクルφ21cm 1台分

パイ生地（仕込み2／▶p10）… 全量
ベーコン（塊）… 200g

アパレイユ
　卵 … 3個
　卵黄 … 5個分
　生クリーム … 800ml
　塩、こしょう … 各少々
　ナツメグ（すりおろす）… 少々

1　バットにオーブンペーパーを敷き、その上にセルクルを置く。パイ生地を1.5〜2mm厚さにのす。セルクルに落とし込んだときに縁よりも高くなるように丸くのす。薄いほうが仕上げるのがより難しくなるが、おいしくできる。

2　のした生地をセルクルに落とし込む。底と立ち上がりの角をきっちり作って、生地が浮かないように上から下にセルクルに貼り付ける。生地は決して伸ばさずに、生地のたわみを少しずつなじませながらセルクルに密着させる。

3　生地がセルクルの上部（厚みの部分）にのるように生地を外側に垂らす。外側に垂れた部分を指先で断ち落とす。

4　10分ほど冷やしてから、再度セルクルと生地の間の空気を抜くように密着させ、ラップフィルムをして、冷凍庫で1時間以上冷やす（このままで冷凍保存可能）。

5　4の生地を再度セルクルに密着させる。手早く作業すること。内側にオーブンペーパーを敷き込み、タルトストーンを縁まで入れる（ストーンが足りないときはp.13参照）。

6　180℃のオーブンでから焼きする。p.13同様だが、ストーンをはずしてからは焼き色がよりつくように焼く（ひびや穴も同様にチェック）。セルクルのまま完全に冷ます（冷凍保存可能）。

7　ベーコンは、5mm角の棒状に切る。ゆでこぼして余分な脂を除く。

8　アパレイユの材料を合わせる。塩はベーコンの塩気により調節する。

9　6の生地は、縁をナイフでそっと削って高さをそろえる。オーブンペーパーを敷いた天板に置く。ベーコンを入れ、8のアパレイユを流して、オーブンに入れる（予熱200℃で、入れたら180℃に落とす）。

10　25〜30分で表面がふくれて焼き色がつき始めたら、ここからさらに20分以上焼くことを想定して、焦げそうなときはアルミフォイルをそっとかぶせる。

11　全部で45分前後焼く。全体をゆすって液状に揺れるときはさらに焼き、ゆすると全体が一体となって動き、竹串の太い方を斜めに刺しても生地がついてこなければ焼き上がり。

12　粗熱をとって、セルクルをはずす。

＊ ある程度冷めないと切り分けづらいので、温かさがぎりぎり残るくらいで供す。

アメリカンアップルパイ

上下のパイ生地のボリュームに負けないよう
煮たりんごをたっぷりと詰めています。
りんごは煮くずれないように火を入れてください。

フィリングの仕込み（りんごの甘煮）

材料 パイ皿 φ24cm　1台分

りんご … 8～10個
グラニュー糖 … 170g
レモンの絞り汁 … 大さじ1
バター … 30g
シナモンパウダー … 小さじ1

1　りんごは8等分のくし形に切って皮と芯を除き、厚手の鍋
　　に入れ、グラニュー糖とレモン汁をまぶして、水分が出るま
　　でしばらくおく。

2　1に水30ml（分量外）を加えて火にかけ、ふたをして、焦が
　　さないような火加減で煮る。りんごがしんなりしたら煮くず
　　れないようにやわらかくなったものから取り出す。

3　煮汁にバターとシナモンを加えてりんごにからまる程度まで
　　煮詰め、りんごを戻して煮からめる（**写真A**）。火からおろし
　　てそのまま冷ます。

＊ 冷蔵庫で3日ほど保存可能。

パイ

材料 パイ皿 φ24cm　1台分

パイ生地（**仕込み2** ／ ▶p.10）… 2倍量
りんごの甘煮 … 全量
卵白 … 1個分

a │ 卵黄 … 1個分
　　│ 水 … 少々

1　パイ生地はレシピの半量を打粉をして約3mm厚さにの
　　し、パイ皿に敷き込む（▶p.12参照）。冷蔵庫で冷やしておく
　　（ここで冷蔵、冷凍保存可能）。

2　残りのパイ生地を約2mm厚さに丸くのす。冷蔵庫に入れ
　　ておく。

3　1のパイ皿にりんごを詰める。煮汁が残っていても入れない
　　こと。縁に卵白を塗る。

4　2ののした生地をかぶせ（**写真B**）、余分な生地をナイフで断
　　ち落とす。

5　縁の生地を指でつまみながら貼り合わせる（**写真C**）。パイの
　　上にナイフで4カ所切り込みを入れる。

6　卵黄を水で薄めた**a**を塗る。

7　オーブンに入れて約1時間焼く。底生地が焼けづらいの
　　で、上に焼き色がついてきたらアルミフォイルをかぶせる
　　（下段に移せるオーブンなら下段に移す）。へらを入れると型からは
　　ずれて簡単に持ち上がるくらいまでよく焼く。

＊ 写真は、**作り方5**の後、断ち落とした生地を葉の形にして、卵白を塗って
　　パイの上に貼ったもの。葉の形にする間、パイは冷蔵庫に入れておくこと。

パン屋風アップルパイ

仕込み	オーブン	冷凍
3b	200℃	OK

ベーカリーでもおなじみの、
パイを代表するような存在感。
しばらくするとまた食べたくなる、飽きのこないパイです。
素材のよさと焼きたてが、おいしさの一番のコツ。

フィリングの仕込み（薄切りりんごの甘煮）

材料 パイ4、5個分

りんご … 小2個
グラニュー糖 … 75g
レモンの絞り汁（りんごが甘いとき）… 大さじ 1/2

1 りんごは、皮をむいて8等分に切り、薄切りにする。厚手
鍋に入れて、グラニュー糖とレモン汁を加え、やわらかくな
るまで煮る（**写真A**）。

＊ 冷蔵庫で10日ほど保存可能。
＊ シナモンパウダーをふって煮てもいい。

パイ

材料 パイ4、5個分

パイ生地（**仕込み3b**／▶p.14）… 4、5枚
薄切りりんごの甘煮 … 全量
卵白、卵黄 … 各適量

1 打粉をして、パイ生地をめん棒でのばしてだ円にし、薄切
りりんごの甘煮を片側に寄せてのせ、半分に折る。

2 縁に卵白を塗ってとじ、フォークの先で押さえて模様をつけ
るようにしながらしっかりとじる。表面に卵黄を塗り、
フォークで穴をあける。

3 オーブンに入れて、約30分を目安にこんがりと焼き色がつ
くまで焼く。

＊ 四角く切った生地で包んでもよく、その場合は三角に折りたたみ、2辺を
とじる。
＊ 包み方ととじ方は、p.40のミートパイ参照。

A

りんごと砂糖のパイ

仕込み	オーブン	冷凍
3b	200℃	OK

パイ生地とりんごさえあれば、気軽に焼けるスイーツです。
おもてなしの日は、薄いパイだけ先に焼いておきます。
オーブンから出たばかりのおいしさは、
手作りならではの楽しみです。

材料 パイ4、5個分

パイ生地（**仕込み3b** ／▶p.14）… 4、5枚
りんご … 2個
バター … 50g
グラニュー糖 … 50g

1 パイ生地は竹串の太いほうでピケして、一度冷蔵庫で冷や
 す。オーブンペーパーを敷いた天板に並べ、200℃のオー
 ブンで焼く。10分を目安にふくらみ始めたら、天板をもう1
 枚重ね（**写真A**）、さらに25分ほど、表面が乾いてしわが
 よった感じになるまで焼く。粗熱をとる（冷凍保存可能）。

2 りんごは、半割りにして種を除き、皮ごとごく薄く切り、か
 ら焼きしたパイ生地に少しずつずらして並べる。刷毛で溶
 かしバターを塗って、グラニュー糖をふる。

3 オーブンに入れて約30分焼く。途中2度ほどバターを塗
 り、グラニュー糖をふる。

＊ から焼きはぱりぱりになるまでよく焼くこと。**作り方1**で天板と生地の間
   にオーブンペーパーを敷くと上に重ねた天板を汚さずに済む。
＊ あつあつにアイスクリームを添えるのがおすすめ（**写真B**）。
＊ りんごは切ったらすぐに並べて焼く。色止めに塩水にさらしたりせずにフ
   レッシュな味わいを生かす。
＊ 四角く切った生地で焼く場合も、生地を覆うようにりんごを並べる。

A

B

アルザス風りんごのパイ

仕込み 4 ｜ オーブン 200℃▶180℃ ｜ 冷凍 OK

せん切りにしたりんごの歯ごたえがユニークなアップルパイです。
アパレイユにりんごの風味が移ります。
ゆるいアパレイユを流すときは、
生地のひび割れや穴の修正がとても大切です（▶p.13）。

材料

タルト型サイズ	φ18cm	φ24cm
パイ生地（仕込み4 ／ ▶p.13）		
りんご	1個	2個

アパレイユ

	φ18cm	φ24cm
卵	1個	2個
卵黄	1個分	1個分
生クリーム	150ml	250ml
グラニュー糖	60g	80g
バニラオイル	少々	少々

1 アパレイユの材料を合わせておく。

2 りんごは、皮つきのまま縦の薄切りにする。種の近くになったら向きを変えて、再び種の近くになったら向きを変えて薄切りにすることをくり返して4面薄切りにする（**写真 A**）。その後マッチ棒状に細切りにする（**写真 B**）。

3 切ったらすぐに生地に広げ入れる。上からアパレイユを流し（**写真 C**）、オーブンに入れて、40分を目安に、火が通るまで焼く。

＊ りんごは切ったらすぐに並べて焼く。色止めに塩水にさらしたりせずにフレッシュな味わいを生かす。

＊ 液体のアパレイユを流すので、パイ生地のひびや穴の修正はきちんとすること。

アメリカン
クリーム
パイ

レモンクリームパイ

カスタードやホイップクリームがたっぷりのったアメリカンクリームパイに、
またあらたな魅力を感じています。
から焼きした生地をさらによく焼いてから使うのがコツです。
レモン果汁を贅沢に使って、自然な香りと酸味がしっかり楽しめるパイを手作りしてください。

材料

パイ皿サイズ	φ21cm	φ24cm
パイ生地（**仕込み4**／▶p.13）		

レモンカード

		φ21cm	φ24cm
a	卵	3個	4個
	グラニュー糖	100g	130g
	レモンの絞り汁	100ml	130ml
	レモンの皮（すりおろす）	1/3個分	1/2個分
	板ゼラチン	4g	5g
	バター	50g	65g
b	生クリーム	100ml	180ml
	グラニュー糖	大さじ1・1/2	大さじ3

トッピング（好みで。作りやすい分量）

	φ21cm	φ24cm
レモンの皮（せん切り）	1/2個分	1個分
グラニュー糖	大さじ2	大さじ4
ミントなどハーブ（あれば）	適宜	適宜

1 から焼きした生地をオーブンに入れて15分を目安に全体が均一なきつね色になるまで焼き、完全に冷ます。

2 レモンカードを作る。板ゼラチンは氷水でふやかしておく。**a**を合わせ、ストレーナーを通してボウルに入れる。レモンの皮も加えて、湯煎にかけ、混ぜながら濃度がつくまで加熱する（**写真A**）。

3 ふやかしたゼラチンの水気を絞って加え、混ぜて溶かし、室温まで冷ます。

4 この間に室温においたバターを木べらで空気を含ませるようによく練る（**写真B**）。**3**がバターと同じくらいの濃度になったら、少しずつ加えて泡立て器で混ぜる。

5 **1**の生地に**4**を流して広げ、冷蔵庫で冷やしかためる。

6 トッピングのレモンの皮は、2度ゆでこぼしてからひたひたの水（分量外）とグラニュー糖を加えてやわらかくなるまで煮詰め、汁気をきってオーブンペーパーの上に広げ、乾かす。

7 **b**を九分立てにして**5**の上に広げ、**6**とミントを飾る。

＊ 写真のミントは、卵白に浸してからグラニュー糖をまぶしたもの。

A

B

パンプキンクリームパイ

仕込み	オーブン	冷凍
4	200℃ ▶ 180℃	OK

かぼちゃは、一度焼いて
水気と青くささをとばしてからミルク煮にします。
モンブランとスイートポテトのいいところを合わせたような、
なめらかであっさりとしたやさしい甘さのクリームが大好評です。

フィリングの仕込み（かぼちゃのミルク煮とトッピング）

材料	パイ皿サイズ	φ21cm	φ24cm
	かぼちゃ（正味）	500g	700g
a	牛乳	250ml	300ml
	グラニュー糖	75g	100g
b	バター	40g	50g
	バニラオイル	少々	少々
	トッピング		
	かぼちゃ	75g強	100g強

1 かぼちゃは、皮、種、わたを除いたものを3cm角に切る。トッピング用のかぼちゃは、皮つきのまま1cm角に切る。180℃のオーブンでやわらかくなるまで焼く。トッピング用が早くやわらかくなるので先に取り出して別にしておく。

2 1のミルク煮用のかぼちゃをaと一緒に鍋に入れて、かぼちゃをつぶしながら煮る。完全にやわらかくなったらbを加え、全体がほっくりするまで練り上げる。

＊ 前日に作って冷蔵保存可。トッピング用のかぼちゃも同様。

パイ

材料	パイ皿サイズ	φ21cm	φ24cm
	パイ生地（**仕込み4** ／ ▶p.13）		
	パンプキンクリーム		
	かぼちゃのミルク煮	21cm用	24cm用
	生クリーム	150ml	200ml
	卵黄	1個分	2個分
	塩	ひとつまみ	小さじ1/3
	トッピング用のかぼちゃ	21cm用	24cm用
	かぼちゃの種（あれば）	適宜	適宜
c	生クリーム	適量	適量
	グラニュー糖	少々	少々

1 かぼちゃのミルク煮をフードプロセッサーで攪拌する。パンプキンクリームの残りの材料を少しずつ加えながらさらに攪拌してなめらかなクリーム状にする（**写真A**）。

2 パイ生地に1のクリームを入れて広げ、トッピング用のかぼちゃを散らして、オーブンで30分を目安に焼く。200℃でトッピングのかぼちゃがうっすらと色づくまで焼き、180℃にして指でクリームを押すと弾力が出るまで焼く。

3 かぼちゃの種を散らす。九分立てにしたcを添える。

A

バナナクリームパイ

ていねいに作ったカスタードクリームをたっぷり入れたいので、ぜひパイ皿は深型で。
以前パン屋併設の喫茶に卸していて、たいへん人気のある一品でした。

仕込み	オーブン
4	180℃

（材料） パイ皿サイズ	φ21cm	φ24cm
パイ生地 (**仕込み4** ／ ▶p.13)		
カスタードクリーム		
卵黄	2個分	3個分
a グラニュー糖	70g	100g
コーンスターチ	大さじ1・1/2	大さじ3
薄力粉	大さじ1	大さじ2
b 牛乳	200ml	400ml
バニラビーンズ	1/3本分	1/2本分
バナナ	2本	3本
レモンの絞り汁	少々	少々
c 生クリーム	100ml	200ml
グラニュー糖	大さじ1・1/2	大さじ3
ピスタチオ（あれば）	適宜	適宜

1 から焼きした生地をオーブンに入れて15分を目安に全体が均一なきつね色になるまで焼き、完全に冷ます。

2 カスタードクリームを作る。卵黄に **a** を加えて木べらでしっかりと練り合わせる。ざらざらとしているのがゆるんでくるので、さらりとして白っぽくなるまでよく混ぜる。

3 **b** を鍋に入れて沸騰直前まで温め、半量ほど **2** に加えてよく混ぜる。残りの **b** を加えて混ぜ、ストレーナーを通して鍋に戻し、弱火にかける。焦げつかないように底から混ぜながら火を通す。濃度がついても練り続け、コシがなくなってつやが出るまでよく練る（**写真A**）。

4 火からおろして粗熱がとれるまで混ぜ、鍋肌をきれいにはらってラップフィルムを密着させて冷ます。

5 バナナを輪切りにしてレモン汁をまぶす。パイ生地に **4** のカスタードクリームを少し広げ、バナナを並べて、上から残りのカスタードクリームを広げ、冷蔵庫で冷やしかためる。

6 **c** を九分立てにして **5** の上に広げ、あれば砕いたピスタチオを飾る。

A

チョコレートクリームパイ

ほどよい甘さのチョコレートカスタードとホイップクリームをたっぷりと。
ブラックチョコレートでほろ苦くしても、ミルクチョコレートでもお好みで。

仕込み **4** ／ オーブン **180**℃

材料	パイ皿サイズ	φ21cm	φ24cm
	パイ生地（仕込み4／▶p.13）		
	カスタードクリーム（バナナクリームパイ ▶p.62参照）		
	クーベルチュールチョコレート	30g	60g
a	生クリーム	100ml	200ml
	グラニュー糖	大さじ1・1/2	大さじ3
トッピング			
	クーベルチュールチョコレート	適量	適量
	スライスアーモンド	適量	適量

1 から焼きした生地をオーブンに入れて15分を目安に全体が均一なきつね色になるまで焼き、完全に冷ます。

2 バナナクリームパイ（▶p.62）と同様にしてカスタードクリームを作り、熱いうちに削ったチョコレートを溶かし混ぜる。粗熱をとり、ラップフィルムを密着させて冷ます。

3 パイ生地に **2** のクリームを入れて広げ、**a** を九分立てにして上に広げる（写真 **A**）。

4 トッピング用のチョコレートは削り、アーモンドは軽くローストして散らす。

A

私のスペシャリティ

ガレット・デ・ロワ

1月のキリスト教の祭祀に食べるアーモンドクリームのお菓子が
今や様々な店に並ぶほどの人気に。
中に1つだけ入っているフェーブが当たった人は、
その年の幸福を約束されるそうです。
フランスにはブリオッシュ生地のものもあるようですが、
日本ですっかり有名になったのは、折り込みパイ生地のもの。
私は、いつものパイ生地で毎年焼いています。

アーモンドクリームは
ふわりと口溶けよく作るのがコツ。
カスタードクリームは
なめらかにきめ細かく。
2種を合わせて、
こんもりと絞り出します。

気づけばいくつも集まったフェーブと
表面の飾り模様のスケッチを用意して。
今年はどれで焼きましょうか。
フェーブは1つ、
クリームの中にしのばせます。

パイ生地をのして丸く抜いたものを
大小2枚用意して、
クリームを包み込みます。
慌てずに、でも手早く。

表面の飾りは、太陽、月桂樹、ひまわり、麦の穂から選びます。
写真は、麦の穂。
ナイフで生地の表面に浅く
傷だけつけるようにして描きます。
ガレット・デ・ロワを作る醍醐味の一つです。

フェーブはフランス語でそら豆。
元々はそら豆を入れて焼いていたそうです。
今は、陶製の様々な形のものが手に入ります。
中に入れたフェーブは、オーブンで焼ける間に
クリームの中で移動するようで、
作った本人も位置がわからなくなります。
さっくりと砕けたパイ生地からフェーブがのぞいたら、
今年はきっといいことがあります。

ガレット・デ・ロワ

作りおいたいつものパイ生地で、こんなにおいしく焼けるなんて、
我ながら応用範囲の広さに驚いたほど。
クリームは、作りたてを使うほうが軽やかに仕上がります。

仕込み	オーブン	冷凍
2	200℃	OK

φ約20cm 1台分

パイ生地（仕込み2／▶p.10）── 2倍量

カスタードクリーム
卵黄 ── 1個
a グラニュー糖 ── 30g
コーンスターチ ── 大さじ1
薄力粉 ── 大さじ1/2
b 牛乳 ── 100ml
バニラビーンズ ── 1/2本分

アーモンドクリーム
バター ── 100g
粉糖 ── 100g
卵 ── 1個
a アーモンドパウダー ── 100g
薄力粉 ── 10g
ラム酒 ── 少々
c 卵黄 ── 適量
牛乳 ── 適量

＊ フェーブ1個、あれば飾りの王冠、表面の模様
のスケッチを用意する。

1 パイ生地を半量ずつ3mm厚さにのす。1
枚はφ24cm、もう1枚はφ21cmのセル
クル、または円形の型紙で抜く。冷蔵庫
で冷やしておく。

2 p.62の作り方2～4と同様にして、カス
タードクリームを作る。

3 p.78の作り方1と同様にして、アーモン
ドクリームを作る（コーンスターチは薄力粉
に、バニラオイルはラム酒にする）。

4 アーモンドクリームと2のカスタードク
リームを合わせ、絞り出し袋に入れる。

5 φ21cmの生地に4のクリームを口金を
つけずに絞り出す。周囲2cmほどを残し
て、中心が高くなるように渦巻き状に絞
る。フェーブをクリームに軽く埋める。

6 周囲にcの牛乳でゆるめた卵黄を塗り、
もう1枚の生地をかぶせる。クリームの山
形をつぶさないようにしながら上下の生地
の縁を合わせて貼り合わせる。合わせた
縁にナイフで均等に切り込みを入れなが
ら親指で押して花びらのように形作る。竹
串で中心に1ヵ所空気穴をあける。

7 一度冷蔵庫で冷やす。cを塗り、再度冷

やして乾かす。

8 ナイフで表面に傷をつけるようにして模様
を描く。麦の穂は、写真とp.65のスケッ
チ右下を参考にする。難しければ、スケッ
チ左のように格子状にしてひまわりを
描く。

9 オーブンに入れ、1時間を目安に、焼き色
がつくまで焼く。

＊ カスタードクリームは前日に作って冷蔵保存し
てもいいが、かたまるので木べらで力を入れて
練ってほぐす。

＊ アーモンドクリームは、しっとりと食べごたえ
のある仕上がりにするため薄力粉を使っている
が、p.78のアーモンドクリーム同様にコーンス
ターチを使って、やや軽めの仕上がりにして
も。お好みで。

パルミエ

焼くと自然に形が整うので、見た目よりも簡単です。

1 断ち落としは、カードなどで端を整えながら約3mm厚さの適当な大きさの長方形にのす。

2 卵白を塗り、グラニュー糖を全体にふり、両端から中心に向かってゆるく巻く（写真A）

3 一度冷蔵庫で冷やしてから、端から7〜8mm厚さに切り、（ゆるんでいたら再度冷やしてから）オーブンペーパーを敷いた天板に並べて、ナイフでハート型に整える（写真B）。ふくらむことを考えて巻きはゆるくしておく。

4 卵白を塗り、グラニュー糖をふって、オーブンで25分を目安に色よく焼く。

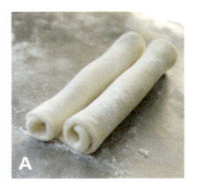 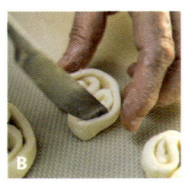

断ち落とし｜オーブン 180℃

クリームコルネ

コルネ型を利用しなくても、
アルミフォイルで作った型でも作れます。

1 断ち落としは、カードなどで端を整えながら約3mm厚さ、長辺30cmの長方形にのして、2cm幅のリボン状に切り分ける。一度冷蔵庫で冷やす。

2 生地の長辺の端に卵白を塗って、バターを塗ったコルネ型に巻いていく。型の先端より少し上から始めてパイの先が細くなりすぎないようにし、少しずつ重ねて巻き上げる（写真C）。

3 巻き終わりを下にしてオーブンペーパーを敷いた天板に置き、オーブンで25分を目安に焼き色がつくまで焼き、型をはずして内側が乾くまで10分ほど焼く。

4 完全に冷ましてから、絞り袋に入れたチョコレートカスタード（▶p.63）をパイの穴に絞り出す。

＊ コルネ型がないときは、アルミフォイルで長さ約12cm、上部の円がφ約4cmの円錐状の芯を作り、オーブンペーパーを円錐状にしてホチキスでとめ、アルミフォイルにかぶせる（写真D）。

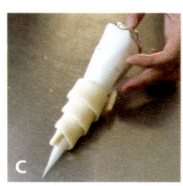 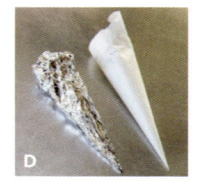

断ち落とし｜オーブン 180℃

ハムとチーズの一口パイ

パイ生地をクラッカーのように薄焼きにします。
具は好みで工夫できます。

1 断ち落としは、カードなどで端を整えながら約2mm厚さの適当な大きさに四角くのす。一口大の長方形に切り分け、ピケする。

2 オーブンペーパーを敷いた天板に並べ、200℃のオーブンで表面が乾き始めるまで焼き、天板をもう一枚重ねて約20分、完全に乾いてしわがよるくらいまで焼く。

3 薄切りの玉ねぎをバターでしんなりするまで炒め、塩こしょうして、2の生地にのせる。その上にハム、好みのチーズをおろしたものをのせ、こしょうをふる。

4 オーブンかオーブントースターでチーズが溶けて焼き色がつくまで焼く。

＊ 作り方2の後、湿気ないように保存すれば、好みの具でおつまみがすぐ楽しめる。

断ち落とし ／ オーブン 180℃～200℃

スティックパイ

基本はチーズとこしょう風味ですが、
ほかの味つけでも楽しめます。

1 断ち落としは、カードなどで端を整えながら約2mm厚さの適当な大きさの長方形にのす。

2 半面に卵白を塗って、おろしたチーズ、こしょうをふり、2つ折りにして軽くのす。一度冷蔵庫で冷やす。

3 幅1cmほどに細長く切り分けて、それぞれねじって棒状にし、オーブンペーパーを敷いた天板に両端を押してとめながら間隔をあけて並べる（写真E）。

4 卵黄を塗り、残ったチーズがあれば散らして、オーブンかオーブントースターで10分を目安に焼き色がつくまで焼く。

＊ 冷凍保存したものは、凍ったまま軽く焼き直す。

＊ チーズとこしょうの代わりに、ミックスハーブ、砕いたナッツ、ごまなどにするのもおすすめ。その場合は軽く塩をふる。

E

断ち落とし ／ オーブン 180℃～200℃ ／ 冷凍 OK

仕込んだビスケット生地で焼く
季節のタルト

ビスケット生地は、
果物のタルトに欠かせないアーモンドクリームや
しっとりやわらかく焼き上げるフィリングによく合います。
ぜひ生地の作りおきをして、
旬の食材を逃さず、楽しんでください。

* オーブン【200℃】は、タルトを仕上げるときの温度です。オーブン【200℃▶180℃】は、上の温度（200℃）に設定し、タルトを入れたら下の温度（180℃）に落とします。
* **オーブンの焼き時間**は、目安です。オーブンの機種、生地の厚さや状態、季節により焼き時間は異なります。
* 冷凍【OK】は、焼き上げたタルトを冷凍保存できる場合に表記しています。タルトレットは丸ごと、タルト型で焼いたものは切り分けて、冷凍保存します。解凍、温めの方法は、p.95 を参考にしてください。
* 味わいは異なりますが、パイ生地（から焼き前なら**仕込み3a**のパイ生地、から焼き後なら**仕込み4**のパイ生地）でも焼くことができます。

仕込み	オーブン	冷凍
4	200℃▶180℃	OK

さくらんぼのタルト

生のダークチェリーが日本で手に入るようになった頃、
入荷時期が短くて時を逃さないようにと楽しみに作っていたタルトです。
果物の焼き菓子は、旬に作ってこそ家庭の味だと思います。

材料

タルト型サイズ	φ18cm	φ24cm
ビスケット生地（仕込み4／▶p.20）		
ダークチェリー	350g	500g
a グラニュー糖	小さじ2	大さじ1
キルシュ	小さじ2	大さじ1

アパレイユ

	φ18cm	φ24cm
卵	1個	1·1/2個
グラニュー糖	50g	75g
薄力粉	大さじ2	大さじ3
生クリーム	100ml	150ml
キルシュ	大さじ1	大さじ1·1/2

1 ダークチェリーは、種抜き器（写真A）で種を抜く。このとき
一部は軸を残す。耐熱容器に並べて、aをふり（写真B）、
180℃のオーブンで15〜20分焼く。冷めたら焼き汁をとり
分ける。

2 アパレイユを作る。といた卵とグラニュー糖を泡立て器で混
ぜ、薄力粉を加える。次に生クリームを混ぜたら、キル
シュと1の焼き汁を加える（写真C）。

3 生地に軸のないチェリーを並べる。アパレイユを流してオー
ブンに入れる。

4 表面がかたまるまで焼いたら一度取り出して、軸を残した
チェリーをバランスよく並べ（写真D）、オーブンに戻す。

5 全部で30分を目安にうっすらと焼き色がつき、型ごとゆ
すって全体が一体となって揺れるようになるまで焼く。

＊ 温かいうちならぜひバニラアイスクリームを添えて。冷えてももちろんお
いしいし、軽く温め直しても。

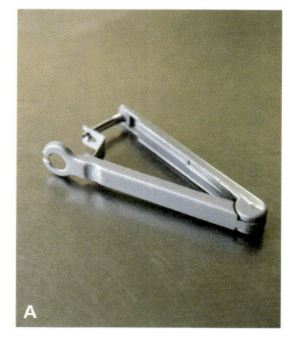
A

B

C

D

ラズベリーチョコレートタルト

仕込み	オーブン	冷凍
4	200℃▶180℃	OK

これはぜひ焼きたての熱いところを食べてほしいタルトです。
チョコレートがとろけて、
ベリーの甘酸っぱさと、さくさくの生地が絶妙なアクセント。
コーヒー、紅茶はもちろんですが、甘口赤ワインもよく合います。

材料

タルト型サイズ	φ18cm	φ24cm
ビスケット生地（仕込み4／▶p.20）		

アパレイユ

		φ18cm	φ24cm
	クーベルチュールチョコレート	60g	90g
	卵黄	2個分	3個分
	グラニュー糖	50g	75g
a	生クリーム	80ml	120ml
	牛乳	40ml	70ml
	ラズベリー	20〜25粒	40〜50粒

1 チョコレートは、刻んで湯煎で溶かす。卵黄にグラニュー糖を入れてよく混ぜ、チョコレートに加えて混ぜる。

2 **a**を合わせて火にかけ、沸騰直前で**1**に入れて混ぜ、粗熱をとる。

3 ビスケット生地に**2**を流して広げ、ラズベリーを散らす。

4 オーブンに入れて、20分を目安に型ごとゆすって全体が一体となって揺れるようになるまで焼く。

＊ まずは焼きたてにアイスクリームを添えて楽しんで。冷めたら温め直しは難しいので、そのままで。冷たいものもまた別のおいしさが。

ブルーベリーチーズタルト

プレーンなチーズケーキのおいしさに、
ブルーベリーの甘酸っぱいソースをゼラチンでゆるくかためて
たっぷり添えます。
しょうが風味のホイップクリームを添えるのが好きです。

材料	タルト型サイズ	φ18cm	φ24cm
	ビスケット生地（仕込み4／▶p.20）		
	クリームチーズ	125g	250g
	バター	55g	110g
	グラニュー糖	35g	70g
	卵	1個	2個
	ナツメグ	少々	少々
	ブルーベリー	80g	150g
a	グラニュー糖	30g	50g
	レモンの絞り汁	1/2個分	1個分
	板ゼラチン	2g	3g

1 クリームチーズとバターは室温でやわらかくしておく。板ゼラチンは氷水でふやかす。

2 チーズを練ってほぐし、バターを加えて木べらで空気を含ませるようによく練る。グラニュー糖を加えてなじませる。とき卵を2、3回に分けて加え、混ぜる。途中ゆるんだら泡立て器に替えて混ぜ、ナツメグも加える。

3 ビスケット生地に**2**を流して広げ、オーブンに入れて30分を目安に型ごとゆすって全体が一体となって揺れるようになるまで焼く。

4 ブルーベリーと**a**を合わせて火にかけ、実がくずれかけたところでふやかしたゼラチンの水気を絞って加え、ゼラチンを煮溶かして、火からおろす。

5 **3**のタルトが完全に冷めたら、粗熱のとれた**4**を流して広げ、冷蔵庫で冷やしかためる。

＊ ホイップクリームを添えるのもおすすめ。写真のしょうが風味のホイップクリームは、しょうがの砂糖漬け（ドライ、市販）やしょうがの蜜煮を細かく刻んで、しょうがの絞り汁と共に泡立てた生クリームと合わせたもの。

ミックスベリーのタルト

仕込み **3**
オーブン 200℃▶180℃

教室でもおもてなしでも、歓声が上がる春のタルト。
彩りよく好みのベリーをそろえて、ナパージュ（つや出し）で美しく仕上げましょう。
アーモンドクリームを口当たりよく仕上げるには、
バターをふわりと練るのがコツです。

材料

タルト型サイズ	φ18cm	φ24cm
ビスケット生地（**仕込み3** ／ ▶p.18）		
アーモンドクリーム		
バター	35g	70g
粉糖	35g	70g
卵	1個	1個
卵黄	—	1個分
a アーモンドパウダー	35g	70g
コーンスターチ	15g	30g
バニラオイル	少々	少々
好みのベリー	約300g	約500g
（いちご、ブルーベリー、ラズベリー、ブラックベリー、レッドカラントなどを合わせて）		
ナパージュ		
アプリコットジャム	約50ml	約100ml
ミントの葉（あれば）	適宜	適宜

1 アーモンドクリームを作る。バターは室温でやわらかくしておく。木べらで空気を含ませるようによく練り、ふわりとしたら粉糖を2回に分けて加え、なじませる。とき卵（φ24cm用は卵黄も）を3、4回に分けて加え（**写真A**）、混ぜる。途中ゆるんだら泡立て器に替えて混ぜ、**a**を一度に加えてよく混ぜる（**写真B**）。

2 ビスケット生地に **1** のクリームを入れて広げ（**写真C**）、オーブンに入れて、15～20分を目安に焼く。中心に竹串の太い方を刺して何もついてこなければ焼き上がり。完全に冷ます。

3 ジャムと同量の水（分量外）を合わせて火にかけ、約半量まで煮詰め、ストレーナーでこす。

4 いちごは、大きいものは半分に切る。

5 **2** のタルトの上に刷毛で **3** のナパージュを少し塗り、ベリーを彩りよくのせて、ナパージュを塗ってつやを出す。あればミントの葉を飾る。

＊ アーモンドクリームは作りたてのふわりと空気を含んだものを使うと、口当たりよく焼き上がる。冷凍保存もできるが、仕上がりがどうしてもかためになる。

＊ ベリーがそろわないときは、キウイフルーツ、オレンジ、グレープフルーツなどを彩りよくそろえてもいい。

A

B

C

桃のタルトレット

仕込み 3 ／ オーブン 200℃▶180℃

桃のコンポートを作っていて、
タルトレット型で焼けばかわいらしくなる、とひらめきました。
桃が旬の頃には気温も上がり始め、パイ生地作りは難しくなりますが、
ビスケット生地なら作りやすいので夏場でもおすすめです。

フィリングの仕込み（桃のコンポート）

材料 タルトレット型 φ7cm 7、8個分

桃 … 4個

a グラニュー糖 … 120g
ハイビスカスティーのティーバッグ … 1個

1 桃を湯むきする。皮目に1本包丁目を入れてから、熱湯に入れて全体をさっと湯通しし、氷水にとる。皮をむく。

2 桃を4等分ずつ種から果肉をはがし、鍋に入れる。

3 **a** と水400ml（分量外）を入れて、紙ぶたをし（写真A）、火にかけて、煮立ったらふつふつと煮立つくらいの火加減で、竹串を刺してすっと通るようになるまで煮て火からおろす。そのまま冷ます。

＊ ハイビスカスティーは、桃色に染めるため。なければ入れなくてもいいが、白っぽい仕上がりになる。

＊ 清潔な保存容器で煮汁に漬けたまま1週間ほど冷蔵保存可能。保存瓶ごと煮沸消毒すればより日持ちする。

タルトレット

材料 タルトレット型 φ7cm 7、8個分

ビスケット生地（**仕込み3** ／ ▶p.18）

アーモンドクリーム
バター … 60g
粉糖 … 60g
卵 … 1個

b アーモンドパウダー … 60g
コーンスターチ … 30g
バニラオイル … 少々

桃のコンポート … 14〜16きれ（全量）

c 生クリーム … 100ml
グラニュー糖 … 小さじ1

ナパージュ
桃のコンポートの煮汁 … 100ml
板ゼラチン … 5g

ベルベーヌ、またはミント（あれば）………… 適宜

1 アーモンドクリームを作る（▶p.78参照）。バターは室温でやわらかくしておく。木べらで空気を含ませるようによく練り、粉糖を2回に分けて加え、なじませる。とき卵を3、4回に分けて加え、混ぜる。途中ゆるんだら泡立て器に替えて混ぜ、**b** を一度に加えてよく混ぜる。

2 ビスケット生地それぞれにフォークで数カ所ピケをしてから、**1** のクリームを入れて広げる。

3 オーブンに入れて20分を目安に、中心に竹串の太い方を刺して何もついてこなくなるまで焼く。完全に冷ます。

4 板ゼラチンは氷水でふやかす。コンポートの煮汁を小鍋に入れて火にかけ、水気を絞ったゼラチンを溶かす。冷まして濃度をつける。

5 タルトレットに九分立てにした **c** を小さじ1程度ずつのせ、桃のコンポートを2きれずつ形よくのせて、とろみのついた **4** を塗る。あればベルベーヌかミントの葉を飾る。

A

洋梨のタルト

仕込み 3 / オーブン 200℃ ▶ 180℃

ビスケット生地をから焼きせずに、
クリームと果物を一緒に焼き込むと
それぞれがなじんだ独特のおいしさが生まれます。
洋梨の赤ワイン煮や、りんごのコンポートでも焼いています。

フィリングの仕込み〔洋梨のコンポート〕

材料　作りやすい分量

洋梨 … 4～6個

a
グラニュー糖 … 100g
レモン（薄切り）… 1枚
バニラのさや … 1本
シナモンスティック … 1本
粒こしょう … 5、6粒

1 洋梨は、皮をむき、半割りにして（大きければ4つ割り）、a と
共に鍋に入れ、かぶるくらいの水を注いで紙ぶたをし、火
にかける。煮立ってから火を弱めて10分ほど煮、そのまま
冷ます。

＊ 清潔な保存容器で煮汁に漬けたまま1週間ほど冷蔵保存可能。保存瓶ご
と煮沸消毒すればより日持ちする。

タルト

材料

	タルト型サイズ	φ18cm	φ24cm
	ビスケット生地（**仕込み3** / ▶p.18）		
	アーモンドクリーム		
	バター	35g	60g
	粉糖	35g	60g
	卵	1個	1個
	卵黄	—	1個分
b	アーモンドパウダー	35g	60g
	コーンスターチ	15g	30g
	バニラオイル	少々	少々
	洋梨のコンポート	6～8きれ	8～10きれ
	粉糖	適量	適量

1 アーモンドクリームを作る（▶p.78参照）。バターは室温でや
わらかくしておく。木べらで空気を含ませるようによく練
り、粉糖を2回に分けて加え、なじませる。とき卵（φ24
cm用は卵黄も）を3、4回に分けて加え、混ぜる。途中ゆるん
だら泡立て器に替えて混ぜ、b を一度に加えてよく混ぜる。

2 ビスケット生地に 1 のクリームを入れて広げ、洋梨のコン
ポートを並べる。洋梨のコンポートに使ったバニラのさや
（分量外）を適量細かく切って散らす（写真 A）。

3 オーブンに入れて、50分～1時間を目安に焼く。焼き色が
ついてからもさらに焼いて底の生地によく火を通す。焦げそ
うならアルミフォイルをかぶせて焼き、生地に火が通ってか
らさらに10分ほど焼く。

4 粗熱がとれたら粉糖を周囲にふる。

＊ コンポートの煮汁でナパージュにして（p.80の**作り方4**参照）洋梨に塗る
とまた違った仕上がりに。

＊ 温かいうちにアイスクリームを添えてもおいしいし、冷めて生地がしまっ
た頃もおすすめ（写真 B）。

A

B

栗のタルトレット

仕上げてから、
時間をおかずに楽しみたいデザートです。
手作りするからこそ、
できたての格別のおいしさが味わえます。

仕込み 3 ／ オーブン 200℃

フィリングの仕込み（マロンクリーム）

材料 作りやすい分量

栗（皮ごと）	約600g	牛乳	400ml
グラニュー糖	120g	生クリーム	150ml
バニラオイル	少々	ラム酒（好みで）	少々

1 栗は鬼皮のままやわらかくなるまで30分ほどゆでる。形のいいものを7、8個とり分ける（栗の甘煮用）。残りは半割りにして、渋皮を入れないようにスプーンで中身をかき出して鍋に入れる。このとき、変色したものや虫食いは取り除く。

2 栗に牛乳とグラニュー糖を加えて、火にかけ、栗をつぶしながら、栗と牛乳がなじんでとろみが出るくらいまで煮る（**写真A**）。途中水分が足りないようなら牛乳を補う。

3 熱いうちに裏ごしする。鍋に戻して生クリームを加え（除いた栗が多ければ生クリームの量も加減する）、弱めの中火で絶えず混ぜながら火を通す（**写真B**）。持ち上げて落とすとぽってりと山になるくらいまで練る（**写真C**）。バニラオイルとラム酒を混ぜる。

＊ 空気に触れないようにラップフィルムで包んで冷蔵すれば、3日ほど保存可能。冷凍保存する場合は、3で裏ごしした後に冷凍し、自然解凍後、生クリームを加え、練って使う。

フィリングの仕込み（栗の甘煮）

1 マロンクリームの栗をゆでるときにとり分けた栗は、鬼皮と渋皮をむき、鍋に重ならないように入れて、かぶるくらいの水と栗と同量のグラニュー糖を加え、紙ぶたをしてごく弱火で煮る。細い串を刺してやわらかくなったらそのまま冷ます。

＊ 清潔な保存容器で煮汁に漬けたまま10日ほど冷蔵保存可能。

タルトレット

材料 タルトレット型φ7cm 7、8個分

ビスケット生地（**仕込み3／▶p.18**）

a	生クリーム	200ml
	グラニュー糖	大さじ2

マロンクリーム	適量
栗の甘煮	7、8個

1 ビスケット生地をから焼きする（▶p.20参照）。それぞれオーブンシートを敷いて、タルトストーンをのせ、オーブンで20分を目安に焼き、ストーンを除いてさらに8分ほど焼いて全体に焼き色をつける。冷ます（ここで冷蔵、冷凍保存も可能）。

2 **a**をしっかりと泡立て、1にそれぞれ大さじ1くらいずつのせ、栗の甘煮を埋めるように置く。

3 マロンクリームを絞り出し袋に入れて、モンブラン用の口金を付けて、形よく絞り出す（**写真D**）。

＊ モンブラン用の口金がない場合は、保存用のビニール袋の角をごく細く切って小さい穴をあけたものにクリームを入れて絞り出す。写真よりも太い線になる。

＊ マロンクリームは**作り方3**で裏ごしをするときめ細かく、細く絞り出すことができて、味わいもよくなるが、めんどうならばフードプロセッサーにかけてもいい。その場合は、細い口金だと詰まるので、太めに絞り出す。

A

B

C

D

さつまいものタルト

オーブンで蒸し焼きにしたさつまいもを、皮ごと焼き込んでみました。
表面はこんがりと焼け、
アーモンドクリームの中ではほっくりと甘くなります。
このタルトが焼きたくなると、秋の訪れを感じます。

フィリングの仕込み（焼きいも）

材料	タルト型サイズ	φ18cm	φ24cm
	さつまいも	約250g	約400g

1 さつまいもは、アルミフォイルに包んで200℃のオーブンで
やわらかくなるまで焼く（**写真A**）。

＊ 前日に作って冷蔵保存可。焼けたらアルミフォイルをはずして一度水分を
とばしておく。

タルト

材料	タルト型サイズ	φ18cm	φ24cm
	ビスケット生地（**仕込み3**／▶p.18）		

アーモンドクリーム

	φ18cm	φ24cm
バター	30g	60g
粉糖	30g	60g
卵	1個	1個
卵黄	—	1個分
a アーモンドパウダー	30g	60g
コーンスターチ	15g	30g
バニラオイル	少々	少々
焼きいも	18cm用	24cm用
バター	25g	50g
粗塩、またはフルール・ド・セル	適量	適量

1 アーモンドクリームを作る（▶p.78参照）。バターは室温でやわ
らかくしておく。木べらで空気を含ませるようによく練り、
粉糖を2回に分けて加え、なじませる。とき卵（φ24cm用は
卵黄も）を3、4回に分けて加え、混ぜる。途中ゆるんだら泡
立て器に替えて混ぜ、**a**を一度に加えてよく混ぜる。

2 焼きいもは、一口大の輪切りか半月切りにする。

3 ビスケット生地に**1**のクリームを入れて広げ、焼きいもを並
べて、溶かしバターを塗り、オーブンで50分〜1時間を目
安に焼く。底の生地によく火を通したいので、焼き色がつき
始めたら焦げないようにアルミフォイルをかぶせてさらに焼
く。その後、焼き色が足りないようなら焼き上がり間際に
フォイルをはずし、焼きいもとビスケット生地を香ばしく焼く。

4 粗塩をぱらりとふる。

＊ 焼きたてのあつあつも、冷めて全体がしまったところもおいしい。

A

赤ワインの
タルト

「タルト・オ・ヴァン・キュイ」
ヴァン・キュイは、煮たワインの意味。
どうやってタルトにするのだろう……。
赤ワインを 1/4 以下に煮詰めて、
濃度を出すことを知りました。
ワイン好きの友人が集まると、食事の最後は、
このタルトとデザートワイン。

スパイス、はちみつ、かんきつ類と
赤ワインを煮詰めた
ジャムのようなもので作る
スイスの郷土菓子がお手本です。
ボトル1本分を煮詰めて作る
贅沢なお菓子です。

煮詰めるときの香りも、
アパレイユの深く濃い色合いも
魅力あふれるタルト。

煮詰めたワインと
卵と生クリームを合わせたアパレイユに
じっくりと火が入るように、
焼け具合を慎重に確認します。

型ごとゆすると、アパレイユが一体となって揺れ、
もう明らかに液体ではなくなったときが焼き上がり。
同じタイミングで、
生地がさっくりと焼けるのが理想です。

秋の気配を感じると焼きたくなります。
塩をふって、ぶどうや梨を添えます。
コーヒーよりも、やはり貴腐ワインで楽しみたい。
こしょうのアイスクリームを添えたり、
ラム酒やブランデーなどにも合う
まさに大人のデザートです。

赤ワインのタルト

ヴァン・キュイは、飲んでおいしいこくのある赤ワインを使うのがコツ。
渋めのボルドータイプが向きます。
生地はさっくりと香ばしく、アパレイユはしっとりと焼き上げてください。

仕込み
4

オーブン
180℃▶
160℃

冷凍
OK

φ24cmのタルト型 1台分

ビスケット生地（**仕込み4**／▶p.20）

ヴァン・キュイ（仕上がり200ml分）
　赤ワイン … 1本（750ml）
　レモン（薄切り） … 1枚
　クローブ … 3個
　シナモンスティック … 1本
　スターアニス（八角） … 1個
　はちみつ … 70g
　グラニュー糖 … 50g

アパレイユ
　ヴァン・キュイ … 200ml
　卵 … 2個
　卵黄 … 2個分
　グラニュー糖 … 60g
　薄力粉 … 20g
　生クリーム … 200ml

黒こしょう … 少々

フルール・ド・セル … 少々

ぶどう（または、梨） … 適量

1　ヴァン・キュイを作る。材料を鍋に入れて火にかけ、ふつふつと沸騰しているくらいの火加減で煮詰める。時々計って200mlまで煮詰める。こして冷ます（冷蔵庫で2週間ほど保存可能）。

2　完全に冷めたヴァン・キュイとほかのアパレイユの材料を合わせ、ビスケット生地に流す。

3　オーブンに入れて、アパレイユがゆっくりとふくらんで焼き色がつき始めたら160℃に落として全部で30分を目安に焼く。タルト生地に焼き色がつき、全体をゆすると液状でなく一体となって揺れるようになるまで焼く。

4　つぶした黒こしょうとフルール・ド・セルをふり、ぶどうなど果物を添える。

＊　アパレイユにじっくりと火を通し、タルト生地は香ばしく焼き上げるとおいしい。焦げないように途中でアルミフォイルをかぶせるとアパレイユがついてしまうので、温度で調整する。

アーモンドビスケット

ナッツのパウダーを足して食感を変えた、
懐かしい味わいのビスケットです。

1 　断ち落とし 100g にアーモンドパウダー大さじ 1・1/2、
　　粉糖大さじ 2 を手で練り込む（写真 A）。
2 　約 5〜6mm 厚さにして、好みの型で抜き、水でとい
　　た卵黄（または卵白）を塗り、スライスアーモンドをのせる。
3 　オーブンで 15 分を目安に色づくまで焼く。
＊　作り方 1 の後、生地を円柱状にまとめ、冷蔵庫で冷やしかためてか
　　ら、ナイフで切り分けてもいい。

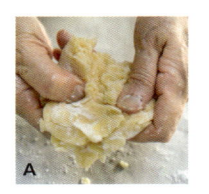
A

断ち落とし　オーブン 180℃

アプリコットジャムの
ビスケット

好みのジャムで作ってください。
生地に甘みを足す手間もかかりません。

1 　断ち落としを一口大に丸め、手のひらでつぶす。中央
　　を指でくぼませて（写真 B）、アプリコットジャムをの
　　せ、グラニュー糖をふる。
2 　オーブンで焼く。15 分を目安に表面が色づいて、底に
　　も焼き色がつくくらいまでよく焼く。
＊　ジャムがゆるいときは、小鍋で煮詰めて濃度をつけてから使う。

断ち落とし　オーブン 180℃

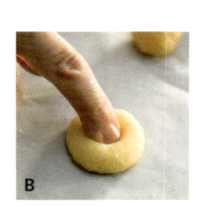
B

ハーブ風味の
塩味のビスケット

ハーブや塩気のきかせ方はお好みで。
唐がらしで辛みをきかせても。

1 断ち落とし 100g に塩小さじ 1/2、粗びき黒こしょう、
  刻んだタイムの葉各適量を手で練り込んで、5〜6mm
  厚さの長方形にのし、細長く切り分ける。

2 水でといた卵黄を塗り、粗塩かフルール・ド・セルを
  のせ、オーブンで 15 分を目安にうっすら焼き色がつく
  まで焼く。

＊ 冷凍したものは凍ったまま軽く焼き直す。

断ち落とし ／ オーブン 180℃ ／ 冷凍 OK

材料について

▶ バター

基本は無塩バターです。バターは風味も落ちやすく、冷蔵庫内のにおいを吸収しやすいので、私は冷凍保存しています。ただし、冷凍のままだと切りにくいので、室温に少しおいて切りやすくするか、1cm角に切ってから冷凍しておくといいでしょう。

▶ 卵

L玉を使っています。卵黄の大きさはサイズが小さくてもあまり差がないので、卵黄のみを使うビスケット生地は、卵のサイズを気にせず作れます。卵黄が明らかに小さいときは少々牛乳を多くすれば大丈夫です。

▶ 薄力粉

「バイオレット（日清製粉）」を使っています。好みでかまいませんが、上質なものをお使いください。大切なのは鮮度。冷蔵庫で保管し、古くなったものは避けてください。

▶ 生クリーム

純乳脂肪40％以上を使ってください。私は、45％か47％を使っています。

▶ フルール・ド・セル

パイやタルトを仕上げるときによく使います。フランス語で「塩の花」の意味で、時間をかけて結晶化した大粒の天日塩です。塩分がまろやかで、かりっと軽やかに砕けます。なくてもかまいませんし、天然塩を少量で代用してもいいでしょう。

型について

本書では、タルト型は ϕ 18cmか ϕ 24cm、パイ皿は ϕ 21cmか ϕ 24cm、タルトレット型は ϕ 7cm、セルクルは ϕ 12cmで作るレシピを紹介しています。

私のスペシャリティ「オリジナル・キッシュ・ロレーヌ（▶p.46）」ではセルクル ϕ 21cmを使いました。「ガレット・デ・ロワ（▶p.64）」はセルクル ϕ 21cmと ϕ 24cmを使いましたが、円形の型紙を作って代用することもできます。

タルト型は底が抜けるものが、焼き上がりをはずしやすいのでおすすめです。

パイ皿は深型を使ってください。縁の上部に平らな面のある、プレーンなトルテ型でも代用できるでしょう。

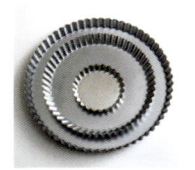

保存の注意

生地やパイ、タルトを保存するときのラップフィルムの包み方は下記を参照してください。上からラップフィルムをかけてとめるだけでは、におい移りは防げません。

▶ ラップフィルムの包み方

1 大きく切ったラップフィルムの上に生地やパイ、タルトを置く。両側から包む。
2 上下を折り込んでとめる。
3 さらにファスナー付きビニール袋に入れる。

パイとタルトの解凍と食べ方

　仕上げて切り分けた後に冷凍保存したものは、冷蔵庫で解凍してください。溶けすぎて生地が湿気たり、傷むことがあるので、自然解凍は避けます。

解凍して、そのまま食べるパイ、タルト

パンプキンクリームパイ｜ラズベリーチョコレートタルト｜ブルーベリーチーズタルト｜赤ワインのタルト

解凍後、軽く焼き直すのがおすすめのパイ、タルト

秋のきのこのパイ｜ほうれん草とベーコンのキッシュ｜ブルーチーズとくるみのパイ｜あめ色玉ねぎのパイ｜3種のチーズのパイ｜かにのパイ｜アメリカンアップルパイ｜パン屋風アップルパイ｜りんごと砂糖のパイ｜アルザス風りんごのパイ｜ガレット・デ・ロワ｜スティックパイ｜さくらんぼのタルト｜さつまいものタルト｜ハーブ風味の塩味のビスケット

解凍後、焼き直して中まで温めるのがおすすめのパイ

ミートパイ｜ポテトクリームパイ｜チキンクリームパイ

　焼き直しのできるものは、解凍だけ電子レンジを使用してもいいでしょう。すぐに食べたいときには便利です。ただし電子レンジでの温めは、生地が湿気るので、避けてください。

▶ 焼き直しのコツ

　アルミフォイルに包んでオーブントースターか予熱したオーブンに入れ、好みの加減に温めて、最後の30秒から1分、アルミフォイルを開いて焼く。生地がさくっとなればOK。

おわりに

　ロンドンで初めて習ったキッシュは、今思えばいかにもイギリス的で、チェダーチーズのたっぷり入ったものでした。甘いパイだけでなく塩味のパイもあることが新鮮でもあった頃……クラストメーキング（パイやタルト、パンなどの生地作り）の授業がとても楽しかったことを覚えています。「イギリスでは、生地を作ったら、パントリーと冷蔵庫にあるものでほとんど仕上げることができます」と先生が言っていました。教室を始めた頃、この楽しさをお伝えしようと思い、それから長いこと続けてきました。たくさんの失敗をくり返してたどりついた方法をご紹介しました。生地は気負わずラクに作っておいて、パイやタルトはそのときにある材料で、ご自分らしく自由に楽しんでくだされ ばこんなにうれしいことはありません。

空閑晴美（くが・はるみ）

1978 年に渡英し、ル・コルドン・ブルー・ロンドン校、コンスタンス・スプライ・フラワースクールなどで学ぶ。1982 年に帰国し、東京の成城で料理教室を始め、フレンチ、基本の和食、洋食を教え続けている。現代感覚を取り入れながらも正統派の丁寧な味わいを大切にした料理に幅広い年齢層の支持を得ている。東日本料理学校協会、全国料理学校協会、日本食育インストラクター協会会員。1995 年に日本ソムリエ協会認定ソムリエールの呼称資格を取得。フランスの非営利団体「ラ・シェーヌ・デ・ロティスール協会」日本本部理事、「ブルゴーニュワイン騎士団」シュヴァリエ等々でもある。
http://www.kuga-cookery.com/

企画・編集 ― 水奈
撮影 ― 新居明子
ブックデザイン ― 松田行正＋日向麻梨子（マツダオフィス）
料理アシスタント ― 大江麻子、池和田由紀
プリンティングディレクション ― 山内 明（大日本印刷）
校正 ― ヴェリタ

忙しい人こそうまくいく
たどり着いたレシピは「作りおき」と「分割仕込み」

本当はラクなパイ作り

NDC596
2017 年 11 月 17 日　発行

著　者　　空閑晴美

発行者　　小川雄一

発行所　　株式会社誠文堂新光社
　　　　　〒 113-0033　東京都文京区本郷 3-3-11
　　　　　（編集）電話 03-5800-3614　（販売）電話 03-5800-5780
　　　　　http://www.seibundo-shinkosha.net/

印刷・製本　　大日本印刷株式会社